착한 글 한글

상상의집

이 책을 만들면서 참고한 책들

◈ 최경봉 〈우리말의 탄생〉 2005 책과함께
◈ 정주리, 박영준 〈우리 역사가 새겨진 우리말 이야기〉 2006 고즈윈
◈ 최경봉, 시정곤, 정주리, 박영준 〈우리말의 수수께끼〉 2002 김영사
◈ 시정곤, 정주리 〈조선언문실록〉 2011 고즈윈
◈ 정은균 〈한글 이야기〉 2008 청년사
◈ 최경봉 〈우리말의 탄생〉 2005 책과함께
◈ 최경봉, 시정곤, 박영준 〈한글에 대해 알아야 할 모든 것〉 2008 책과함께

이 책에 사용된 사진의 소장처 및 출처

◈ 서울대학교규장각한국학연구원 석보상절 (95p)
◈ 안동대학교박물관 이응태 부인 언간 (110~111p)

착한 글 한글

글 남상욱 | **그림** 서른 | **사진** 시몽포토에이전시
펴낸날 2013년 9월 25일 초판 1쇄, 2014년 10월 15일 초판 2쇄
펴낸이 김상수 | **기획 · 편집** 고여주, 위혜정 | **디자인** 정진희, 문정선, 김수진 | **영업 · 마케팅** 황형석, 장재혁
펴낸곳 루크하우스 | **주소** 서울시 성동구 성수 2가 3동 277-58 성수빌딩 311호 | **전화** 02)468-5057~8 | **팩스** 02)468-5051
출판등록 2010년 12월 15일 제2010-59호
www.lukhouse.com   cafe.naver.com/lukhouse

© 남상욱 2013
저작권자의 동의 없이 무단 복제 및 전재를 금합니다.

* 이 책에는 역사적 사실을 바탕으로 재구성한 이야기가 담겨 있습니다.

ISBN 979-11-5568-004-9 73900

※ 잘못된 책은 구입처에서 바꾸어 드립니다.
※ 값은 뒷표지에 있습니다.

상상의집은 (주)루크하우스의 아동출판 브랜드입니다.

착한 글
한글

한글로 보는 역사,
한국사로 보는 한글

상상의집

착한 글, 편한 글, 위대한 글, 한글

"나랏말싸미 듕귁에 달아 문자와로 서르 사맛디 아니할세
이런 젼차로 어린 백성이 니르고져 홒 베이셔도
마참내 제 뜨들 시러펴디 몯핧 노미하니라
내 이랄 윙하여 어엿비녀겨 새로 스믈 여듧 짜랄 맹가노니
사람마다 해여 수비니겨 날로 쑤메 뼌한킈 하고져 할따라미니라."

　　세종대왕은 1443년(세종25)에 '훈민정음'이라는 이름으로 우리나라 글자를 만들고, 1446년(세종28)에 반포했어요. 그리고 〈훈민정음〉 서문에 "우리나라 말이 중국 말과 달라서 한자와는 그 뜻이 서로 통하지 아니하므로 제대로 나타낼 수가 없다. 따라서 백성들이 말하고자 하는 것이 있어도 자기 뜻을 글로 써서 나타내지 못하는 이가 많으니라. 내가 이를 딱하게 여겨 새로 스물여덟 글자를 만들어 내놓으니, 모든 사람들이 이것을 쉽게 익혀서 날마다 쓰는 데 불편이 없도록 하고자 할 따름이니라."라고 우리글을 만든 이유를 밝혔지요.

   1997년, 유네스코는 세종대왕이 1443년에 만든 글자 '훈민정음'을 해설한 책 〈훈민정음 해례본〉을 세계 기록 유산으로 지정했어요. 또 해마다 9월 8일이 되면 유네스코가 제정한 세종대왕상 시상식이 펼쳐집니다. 이렇게 한글이 오늘날까지 편한 글, 쉬운 글, 과학적이고 독창적인 글로 평가받는 이유는 백성과 소통하고자 한 세종대왕의 애민정신에서 비롯된 문자이기 때문이에요. 백성 누구나 익히기 위해 쉬워야 했고, 쉬우려면 체계적이고 과학적인 원리가 있어야 했지요.

한글은 창제자와 창제 시기, 창제 원리와 활용법까지 밝혀진 유일한 문자예요. 그러나 우리 문자의 역사를 세종대왕 중심으로만 살펴볼 경우 우리 역사와 문화를 온전히 이해하기 어려워요. 왜냐하면 한글(문자 언어) 이전에도 한말(음성 언어)은 이미 세종 훨씬 이전의 시대에서부터 세종 훨씬 이후의 시대인 오늘날까지 역사에 의해 생성 발전 소멸을 거듭하고 있기 때문이지요. 그와 함께 우리의 말을 정확히 기록할 글을 만들고자 하는 욕구는 오래 전부터 있어 왔고 이러한 욕구를 해결하기 위한 문자의 발전도 계속 있어 왔어요. 세종의 한글 창제 직후의 한글 표기와 현재의 한글 표기가 다른 것이 가장 큰 증거일 거예요. 그렇기에 한글의 역사를 탐구하는 일은 곧 한국의 역사를 탐구하는 일입니다.

한글 창제 시 가장 역동적인 사건인 세종과 신하들의 대립만 보아도 그래요. 왜 신하들은 세종의 한글 창제를 반대했을까요? 역사적으로 오랫동안 중국의 영향력 아래 있었던 우리는 과거에 중국의 한자를 빌어 우리말을 표기하는 차자 표기법을 사용해 왔고, 세종대왕이 훈민정음을 반포하고자 했을 때 양반 사대부들이 가장 우려하던 것 역시 중국의 반응이었기 때문이지요. 이처럼 한글의 가치와 의의를 깨닫기 위해서는 먼저 우리 역사에 대한 이해가 필요해요.

이 책은 '한국사 속에서 한글에 대한 가치와 의의'를, '한글사 속에서 역사에 대한 전반적인 이해와 맥락'을 전달하고자 기획되었어요. 유구한 한국사를 어떻게 공부해야 할지 고민인 '어린이'들에게 '한글'을 소재로 '한국사'의 맥락을 짚어 주고 우리의 문자가 역사 속에서 어떠한 시련을 겪으며 오늘날까지 이어지고 있는지 알려 주지요. 이제 막 한국사 공부를 시작하는 어린이, 한글을 읽고 쓰는 데 어려움이 없는 어린이들이 우리의 역사와 문화를 이해하는 좋은 계기가 될 거예요.

　임금이 백성과 소통하기 위해 문자를 만든다는 것은 전 세계에 유례없는 일이에요. 이 책을 읽고 나면 착한 글 한글이 얼마나 훌륭하고 아름다운 문자이고 문화유산인지 깊이 깨닫게 될 것입니다.

2013년 가을. 남상욱

차 례

머릿말 ··· 4

1. 우리글이 필요해 ························ 10

처음으로 글자를 만든 이

[꼭이 읽기] 그림문자가 단어문자가 되기까지

서동, 서동요를 짓다

[꼭이 읽기] 다른 글을 빌려 쓰는 차자 표기법

한문 공부는 정말 어려워

[꼭이 읽기] 이두와 구결

2. 우리글이 생겼어 ······················ 66

우리글을 만들어야 하오

[꼭이 읽기] 한글은 어떻게 만들어졌을까?

새 글이라니, 아니되옵니다

[꼭이 읽기] 훈민정음으로 쓴 책들

3. 우리글에 반했어 96

언문을 없애라

[꼭이 읽기] 양반도 한글을 썼을까?

한글로 교서를 내리다

[꼭이 읽기] 조선의 비밀을 담은 한글

구름처럼 세책방에 몰리다

[꼭이 읽기] 한글 소설, 세상을 읽는 힘을 주다

4. 우리글을 지켜야 해 140

조선어, 꼭 공부해야 하나?

[꼭이 읽기] 조선의 지식인들, 국어 연구의 횃불을 들다

〈큰사전〉이 필요하다

[꼭이 읽기] 〈겨레말 큰사전〉으로 분단의 벽을 넘어

5. 세상에 우뚝 선 우리글 164

한글, 세계로 뻗어 나가다

[꼭이 읽기] 중국, 한글의 위대함을 인정하다

1

우리글이 필요해

먼 옛날, 처음으로 이 땅에 인간이 나타났어.

하지만 인간은 한없이 약한 종족이었지. 인간은 호랑이의 날카로운 발톱도,

곰의 무시무시한 힘도, 표범의 재빠른 발도 가지지 못했거든.

그래서 인간은 무서운 맹수들의 습격을 피해서 도망 다닐 수밖에 없었어.

하지만 시간이 흐르면서 인간은 자신에게 주어진 가장 위대한 무기를 발견했어.

바로 지혜였어!

인간은 번개에 맞아 타오르는 나무에서 불을 발견했고,

돌을 깨고 갈아서 날카로운 무기를 만들었어.

나무에 매달린 과일과 바닷가에 널린 조개가 맛있는 음식이라는 사실도 알았지.

또 그것들을 담을 수 있는 토기를 만들었어.

혼자 사는 것보다 무리를 이루는 게 훨씬 더 안전하다는 사실을 깨닫고는

마을을 만들어 함께 살기 시작했지.

지혜를 가지게 된 인간은 더 이상 약한 존재가 아니었어.

하지만 그때까지만 해도 인간에게는 결정적인 뭔가가 부족했어.

서로의 생각을 전달할 수 있는 도구인 언어가 없었던 거야.

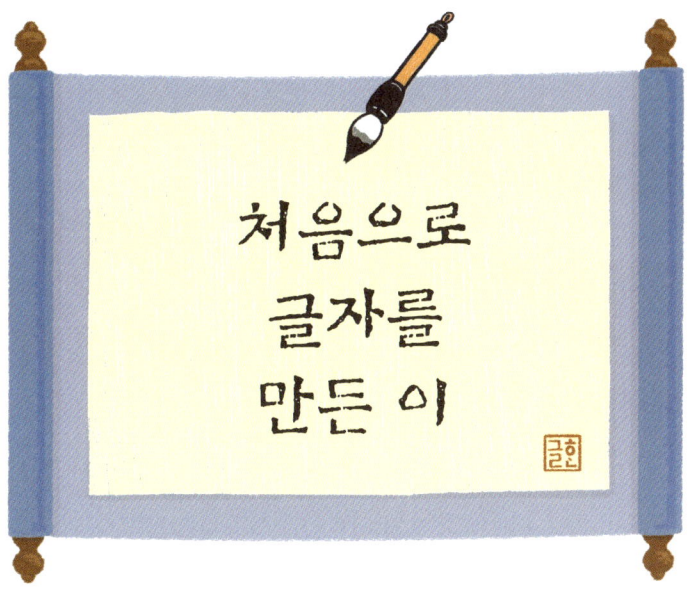

처음으로 글자를 만든 이

　어느 날, 돌도끼를 들고 마을 밖으로 나갔던 사냥꾼이 다급히 돌아왔다. 마을 사람들은 그가 사냥감을 발견했다는 사실을 깨닫고는 그의 곁으로 모여들었다. 그런데 문제가 있었다. 사냥꾼은 자신이 본 것을 마을 사람들에게 말해 줄 수가 없었다. 그랬다. 인간에겐 아직 '말'이 없었다.
　사냥꾼은 답답한지 신음을 내뱉으며 가슴을 쳤다. 마을 사람들도 답답하긴 매한가지였다. 그때, 사냥꾼이 뭔가 좋은 방법을 떠올린 듯 미소를 지었다.
　사냥꾼이 양 집게손가락을 자신의 머리 위로 삐죽 세웠다. 이어 콧김을 뿜으며 양발을 마구 굴렀다. 사냥꾼의 행동을 지켜보던 사람들의 머릿속에 같은 그림이 떠오르기 시작했다. 흥분한 사람들이 움막에서 무기를 꺼내 왔다. 사냥꾼이 고개를 끄덕이더니 그들을 이끌고 마을 밖으로 달려갔다.

잠시 후 도착한 강가에서 물소들이 물을 마시고 있었다. 머리에 뿔이 달리고 콧김을 내뿜으며 달리는 것, 사냥꾼이 흉내 낸 것은 물소였다. 마을 사람들은 서로 눈빛을 교환하면서 조심스레 물소 무리에 다가갔다. 그때 인기척을 느낀 한 물소가 고개를 들었다.

물소와 눈이 마주친 사냥꾼이 힘차게 소리를 질렀다.

"으어어어어어!"

순간 마을 사람들은 누가 먼저랄 것도 없이 무방비의 물소 떼에게 달려들었다.

사냥한 물소를 들고 마을로 돌아가는 사람들의 얼굴에는 행복한 미소가 가득했다. 이번 사냥에서 잡은 물소는 열두 마리나 되었다. 이 정

도면 한동안 모두가 실컷 먹을 수 있는 양이었다. 물소 가죽으로 옷을 해 입으면 곧 찾아올 추운 계절에도 버틸 수 있었다. 하지만 훨씬 더 중요한 것이 있었다. 그건 그들이 '몸짓언어'를 만들었다는 사실이다.

몸짓으로 자신의 생각을 표현할 수 있음을 알게 된 인간들은 곧 활발히 몸짓언어를 만들어 냈다. 덕분에 모두 함께 과일이 주렁주렁 열린 숲에 가서 과일을 따올 수 있었고, 동물 무리를 발견하면 함께 몰려가 사냥을 해 올 수 있었다. 그러면서 인간의 마을은 점점 더 커져 갔다.

답답한 사냥꾼이 얼떨결에 몸짓언어를 만들어 냈네요. '목마른 자가 우물을 판다'는 속담이 딱 들어맞는 상황이에요. 이런 몸짓언어를 통해 인간은 다른 이들에게 자신의 생각을 전달할 수 있게 되었어요. 하지만 몸짓언어에는 큰 단점이 있었답니다.

사냥꾼 대장, 표식을 만들다

'이번에도 실패야!'

사냥꾼 대장이 또다시 사냥에 실패했다. 이번에 실패한 사냥감은 마을 전체가 먹고도 남을 거대한 매머드였다.

사냥꾼 대장이 그 매머드를 잡으려고 기울인 노력은 상상을 초월했다. 매머드의 흔적을 발견한 뒤 삼 일 밤낮을 물 한 모금 먹지 않고 조심스럽게 뒤를 밟은 끝에, 드디어 매머드를 따라잡았던 것이다.

하지만 아무리 사냥으로 잔뼈가 굵은 사냥꾼 대장이라 할지라도 거대한 매머드를 혼자 잡을 수는 없었다. 그는 뒤따라오는 부하들을 기다렸다. 얼마나 시간이 지났을까. 아무리 기다려도 부하들은 도착하지 않았다. 그 사이 매머드는 유유히 사라졌다.

사냥꾼 대장은 허탈한 마음에 터덜터덜 마을로 발길을 돌렸다. 그런데 문제가 생겼다. 아무리 생각해도 마을로 돌아가는 길이 생각나지 않았다. 도로도, 지도도 없던 시대였기에 대장은 어쩔 줄 몰라했다. 결국 대장은 매머드를 쫓던 시간보다 두 배나 더 걸려 마을에 돌아올 수 있었다.

사냥꾼 대장이 잔뜩 지쳐 도착하자 마을에 있던 부하들이 반가운 얼굴로 달려왔다. 부하들은 몸짓언어로 대장에게 열심히 말을 했다.

-대장님, 어디 갔다 오셨어요? 우리가 얼마나 걱정했다고요.-

그러자 화가 머리끝까지 치솟은 사냥꾼 대장이 힘든 것도 잊은 채 손발을 놀려 부하들에게 화를 냈다.

-내가 얼마나 고생한 줄 알아? 왜 내 뒤를 쫓아오지 않은 거야? 죽을 뻔했잖아.-

-저희도 열심히 따라갔어요. 그런데 도대체 대장님이 어디로 간지 알 수가 없었어요. 그래서 어쩔 수 없이 돌아온 거예요.-

부하들의 변명 섞인 몸짓을 본 사냥꾼 대장은 뭔가 대책이 필요하다는 것을 느꼈다. 몸짓언어는 얼굴을 봐야 전달할 수 있기 때문에 거리가 멀어지거나 어두워지면 효과가 없었다. 그럴 때 부하들에게 자신이 어디로 갔는지 알려 줄 무언가가 필요했다.

사냥꾼 대장은 길가에 떨어진 돌멩이를 보았다. 돌멩이는 여기저기 흩어져서 아무렇게나 굴러다니고 있었다.

'그렇지. 바로 이거야.'

사냥꾼 대장은 큰 돌멩이 위에 작은 돌멩이를 올려놓았다. 그렇게 놓인 돌멩이는 어디에도 없었기에 눈에 확 띄었다. 그는 자신이 쌓은 두 개의 돌멩이를 가리키며 몸짓언어로 말했다.

-이게 놓여 있으면 내가 지나간 거야. 알겠지?-

부하들은 감탄하며 고개를 끄덕였다.

얼마 후 사냥꾼 대장과 부하들이 매머드 사냥에 나섰다. 그들은 돌멩이 표식으로 자신의 생각을 알려 줄 수 있었다. 사냥을 멀리 나와도 표식을 보고 돌아갈 수 있었기 때문에 길을 잃지도 않았다.

표식은 점점 더 정교해졌다. 부하들은 길가의 나뭇가지가 꺾인 모양이나 돌멩이가 쌓인 모양으로 대장이 쫓는 동물이 무엇인지, 언제 그가 지나갔는지 알 수 있었다.

마침내 사냥꾼 대장과 부하들은 매머드 사냥에 성공하고 환호성을 질렀다.

사냥꾼 대장이 만든 표식 덕분에 먼 곳에서도 서로의 생각을 알 수 있게 되었네요. 물론 표식도 문제가 없는 건 아니었어요. 바람이 강하게 불거나 거센 비가 내리면 표식이 없어져 버리기도 했거든요. 그래도 큰 발전이었어요.

이제 인간은 서로 가까이 있을 때는 몸짓언어를, 멀리 있을 때는 표식을 쓰며 자신의 생각을 알렸어요. 하지만 이 두 가지만으로는 완벽한 언어가 될 수 없었어요. 대체 뭐가 문제였을까요?

자신의 마음을 그림으로 표현한 총각

윗마을의 총각이 물고기를 잡으러 강에 왔다. 총각이 나무줄기를 엮어 만든 그물로 한창 물고기를 잡고 있는데 강 건너편에서 인기척이 들렸다. 아랫마을의 아름다운 처녀가 토기를 들고 물을 기르러 오는 중이었다. 총각은 그만 그 자리에서 얼어붙고 말았다.

처녀의 미모에 반한 총각은 어쩔 줄 몰라했다. 처녀 역시 총각이 마음에 들었는지 얼굴에 발그레 꽃을 피웠다. 그 모습에 용기를 낸 총각이 조심스레 양손으로 동그라미를 그렸다. 그건 윗마을에서는 "나는 당신을 사랑합니다."라는 몸짓언어였다.

총각의 몸짓언어를 본 처녀가 강가에 토기를 내려놓고 총각을 향해 다가갔다. 자신에게 다가오는 처녀의 모습에 총각은 너무 황홀한 나머지 입을 헤 벌렸다. 총각 앞에 다다른 처녀가 총각의 머리를 향해 손을 뻗었다.

"으아악!"

처녀에게 머리채를 휘어 잡힌 총각이 아픔을 이기지 못하고 비명을 질렀다. 처녀는 화가 잔뜩 난 얼굴로 계속해서 총각의 머리채를 잡아 뜯었다. 사실 총각의 몸짓언어는 아랫마을에서는 "너 얼굴 참 크다."라는 뜻이었다.

마을로 돌아간 총각은 마을 사람들에게 놀림을 받았다. 하지만 총각은 아무 대꾸도 없이 자신의 움막으로 들어갔다. 그러고는 자신의 마음을 오해한 처녀를 생각하며 펑펑 눈물을 쏟았다.

몸짓언어나 표식은 주변 사람들과의 약속으로 이루어지기 때문에 각 마을마다 다른 경우가 많았다. 그래서 오해도 쉽게 생겨났다. 윗마을과 아랫마을만 해도 몸짓언어와 표식이 달라 오해가 쉽게 생겼다. 이 때문에 두 마을은 힘을 합치기가 어려웠다. 윗마을 총각은 어떻게 해야 아랫마을 처녀에게 자신의 마음을 전할 수 있을까?

한참을 울던 총각이 땅바닥에 자신의 눈물이 적셔 들어 색깔이 변한 걸 보았다. 총각은 잠시 그 모습을 바라보다 손가락을 들어 땅바닥에 문대 보았다. 그러자 땅바닥에 굵은 줄 하나가 그어졌다. 총각은 주변을 둘러보았다. 불을 때기 위해 모아둔 얇은 나뭇가지 하나가 눈에 들어왔다. 총각은 나뭇가지를 들어 다시 땅바닥을 그어 댔다. 그러자 훨씬 더 얇은 선들이 생겨났다. 총각의 손놀림이 점점 빨라졌고, 어느새 얼굴은 흥분의 빛으로 가득 찼다.

다음 날 총각은 해가 떠오르자마자 강으로 뛰어나갔다. 손에는 나뭇가지가 들린 채였다. 강 건너편에 처녀의 모습이 보였다. 처녀는 샐쭉한 표정으로 고개를 돌렸다. 총각은 그런 건 상관없다는 듯 첨벙거리며 강을 건넜다. 물소 가죽옷이 강물을 잔뜩 머금어 천 근처럼 무거웠지만 발걸음만큼은 날아갈 듯 가벼웠다.

강을 건넌 총각이 처녀에게 성큼성큼 다가갔다. 처녀는 그가 자신에게 화를 내려나 싶어 겁을 먹고 뒷걸음질쳤다. 그 순간 총각이 쭈그리고 앉아 나뭇가지로 무언가를 하기 시작했다. 처녀는 그런 총각의 모습에 호기심을 느껴 그의 곁으로 다가갔다.

　　총각은 나뭇가지로 모래밭에 그림을 그리고 있었다. 거기에는 늠름한 총각과 긴 머리의 처녀가 손을 잡고 있었다. 둘 앞에는 자그마한 아이들이 서 있었다.

　　그림을 다 그린 총각이 처녀를 물끄러미 바라보았다. 처녀는 그림이 뜻하는 바를 깨닫고 얼굴이 붉어졌다. 총각은 처녀에게 청혼을 하고 있었다. 그림을 그려서 말이다.

　　얼마 후 윗마을과 아랫마을이 한 마을이 되었다. 마을의 족장들이 자신의 생각을 그림으로 오해 없이 전달할 수 있었기 때문이다. 마을에 큰 축제가 벌어졌고, 그 중심에는 총각과 처녀, 아니 남편과 아내가 있었다. 둘은 손을 꼭 마주 잡은 채 서로의 얼굴을 바라보며 미소를 지었다.

　　그림언어가 생겨남으로써 서로 간의 의사소통에 오해가 생길 염려가 줄어들었다. 또한 그림언어는 표식보다 훨씬 좋은 점이 있었다. 뾰족한 돌로 넓적한 돌에 그림을 새겨 놓으면 잘 지워지지 않았다. 인간들은 더 큰 마을을 이루며 살았고, 그에 따라 지식도 점점 쌓여 갔다. 한 명의 머리보다는 열 명의 머리가 훨씬 더 놀라운 발견을 해냈던 것이다.

　인간은 땅속에서 돌보다 훨씬 딱딱한 금속을 발견해 냈다. 그 금속이 뜨거운 불에 닿으면 녹고, 시간이 흐르면 다시 굳는다는 것도 알아냈다. 더 나아가 금속을 불로 녹이고, 틀에 넣어 굳혀 무기와 장신구를 만들었다. 처음에는 청동으로, 후에는 청동보다 강한 철을 사용했다. 또 나무를 쉽게 자를 수 있는 도끼를 만들고, 땅을 쉽게 갈 수 있는 쟁기를 만들었다. 이제 인간은 나뭇가지와 나뭇잎을 엮어 만든 움막에서 살지 않았다. 나무로 집을 짓고, 돌을 부숴 마을을 지킬 벽을 세웠다. 땅을 갈아 씨를 뿌리면 과일과 곡식이 자란다는 걸 알고 농사를 지었다. 힘들게 사냥을 하지 않았고, 대신 울타리를 쳐 가축을 키우기 시작했다.

　인간은 배불리 먹었고, 추위에 떨지 않았으며, 동물의 습격을 두려워하지 않게 되었다. 그러자 비로소 자신을 둘러싼 세상이 보이기 시작했다.

　사람들은 곧 사물의 이름을 짓기 시작했다. 여러 사람의 입에서 여러 이름이 나왔지만, 모두가 듣기에 가장 어울리는 말이 이름으로 정해졌다. 그렇게 세상의 사물에 이름이 정해지자 슬슬 다른 궁금증이 생겨났다.

　'해는 왜 저 산에서 떠올라서 반대편 산으로 사라지는 것일까?'

　그 이유를 설명하는 데도 말이 사용되었다. 많은 사람들이 자신의 생각을 말로 이야기했다. 그리고 그중 가장 그럴 듯한 생각을 한 사람의 말을 선택했다.

"저 산에 해 엄마 있다. 엄마는 매일 해를 낳는다. 그러자 해 막 떠오른다. 그러다 가장 위에 떠오르면 늙는다. 그래서 반대편 산으로 가서 죽는다."

그렇게 인간은 자신이 살고 있는 세상이 어떻게 돌아가고 있는지, 왜 그렇게 돌아가고 있는지 해답을 찾아갔다. 그러면서 말은 점점 더 다양한 표현이 가능해졌다.

말로 생각을 정리할 수 있게 되자 인간은 이야기를 만들어 냈다. 그리고 그 이야기를 통해 후손들에게 지식을 전달했다. 또한 그 이야기를 그림으로도 남겼다.

어때요? 이 정도면 자신의 생각을 남기기에 충분하다고 생각되나요? 하지만 더 발전된 언어가 필요해지기 시작했어요. 세계에서 문명이 처음으로 생겨난 곳 중 하나인 메소포타미아에서의 일이에요.

게으른 기록관, 문자언어를 만들어 내다

도시에서는 하루에도 수많은 사람이 태어나고 죽는다. 가축들 역시 그와 비슷하게 새끼를 낳고 잡아먹힌다. 군대는 다른 도시와 싸우러 나가고, 막대한 전리품을 챙겨 돌아온다. 도시를 지켜 주는 신에게 제물을 바치고 제사를 지낸다.

오늘도 기록관은 도시에서 일어나는 일들을 점토판에 그림으로 남기고 있다. 하지만 점토판의 크기는 정해져 있는데, 그곳에 그릴 그림은 한도 끝도 없었다.

"아, 바빠. 바빠 죽겠네!"

도시의 기록관에게 하루하루는 전쟁과도 같았다.

"대체 내가 왜 이런 일을 하겠다고 한 걸까? 정말 과거의 내가 싫다, 싫어."

기록관은 툴툴거리며 바삐 발걸음을 옮겼다. 왕이 도시 동쪽으로 원정을 다녀온 군대의 전리품을 모두 그림으로 기록해 오길 원했기 때문이다.

자신 앞에 쌓여 있는 어마어마한 전리품을 본 기록관은 턱이 빠질 듯 입을 벌렸다. 군대의 장군은 자랑스럽게 말했다.

"어때, 대단하지? 이 정도면 왕께서도 기뻐하실걸."

"네, 네. 그러믄요."

기록관은 고개를 숙이고는 얼굴을 찌푸렸다.

'적당히 좀 가져오지. 이걸 다 기록하려면 점토판이 몇 개나 필요하려나.'

장군이 떠난 뒤 기록관은 최대한 편하게 일할 방법을 찾았다.

그때 기록관의 머리에 기발한 생각이 떠올랐다.

'이걸 다 그림으로 그릴 필요는 없잖아. 내가 이게 뭔지 다 알고 있으니까, 전리품의 종류에 따라 간략히 기호로 만들면 되잖아. 왕께는 각 기호가 무슨 물건인지 설명하면 되고.'

과연 기록관이 생각한 대로 하니 점토판 하나에 모든 전리품을 기록할 수 있었다.

"헤헷, 역시! 평소대로라면 점토판 열 개라도 모자랐을 텐데."

기록관은 콧노래를 부르며 궁전으로 향했다.

그 기록관은 평생 알지 못했을 것이다. 그림을 단순한 기호로 바꾼 그 순간, 자신이 문자를 만들었다는 사실을 말이다. 메소포타미아 문명에서 처음으로 생겨난 쐐기문자는 이렇게 시작되었다.

말은 언제 생겨났을까?

인간은 정말 다른 이들과 마음을 나누고 싶었나 봐요. 그러니 몸짓언어부터 표식, 그림언어, 글자에 이르기까지 자신의 마음을 표현할 수단을 만들었던 것이겠지요. 그렇다면 과연 말은 언제 생겨났을까요? 아쉽게도 말은 형태가 남지 않아 글자보다 먼저 생겼다는 것 말고는 정확한 역사를 알 수 없어요.

메소포타미아 문명의 쐐기문자는 어떻게 되었을까?

인류 최초의 문자인 쐐기문자는 곧 인근 국가로 퍼져 나갔어요. 그리고 다양한 모양의 단어로 재탄생하였죠. 쐐기문자는 약 3000년 동안 쓰였어요. 하지만 쐐기문자보다 더욱 쓰기 쉬운 문자가 나오면서 쐐기문자는 점점 사라져 갔어요. 쐐기문자는 '인류 최초의 문자'로서 인류의 문명에 커다란 기여를 하였답니다.

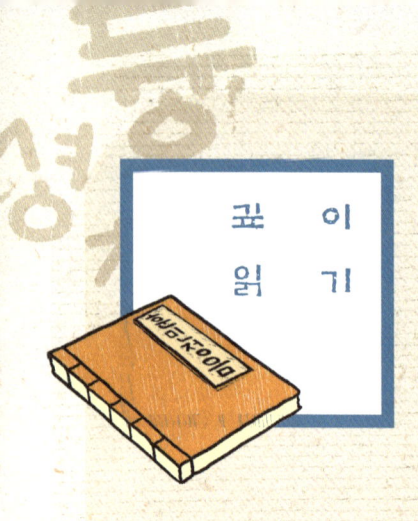

깊이 읽기

그림문자가 단어문자가 되기까지

'컴퓨터'와 'computer'란 두 단어가 있어요. 이 두 단어는 똑같이 읽히고, 똑같은 뜻을 갖고 있어요. 그렇다면 뭐가 다른 걸까요?

정답은 글자가 다르다는 거예요. '컴퓨터'는 우리나라 글자인 한글이고, 'computer'는 영어를 적는 글자인 로마자예요.

한자로 하늘을 뜻하는 '天'과 냇가를 뜻하는 '川'은 어떻게 발음할까요? 분명 다른 글자이고, 뜻도 달라요. 하지만 입으로 말할 때는 둘 다 '천'으로 발음하지요.

앞의 두 문제는 말과 글의 차이를 보여 주어요. 우리는 영어를 읽든, 한자를 읽든 모두 소리를 내서 읽어요. 이 소리가 바로 '말'이에요. 짐승도 소리를 내지만 사람의 '말'과 짐승의 소리의 차이는 그 소리가 가리키는 '뜻'이 있느냐 하는 것이에요. 결국 말이란 '일정한 뜻을 가리키는 소리'지요.

말은 개인에 따라서, 지역에 따라서 다른 뜻을 지니는 경우가 있어 의사소통에 혼란을 주기도 해요. 그래서 뜻을 정확히 표기하기 위해 기호를 만들었어요. 그 기호가 바로 글자예요.

말은 인류의 역사와 함께 시작되었지만, 글자가 생긴 건 그보다 훨씬 후의 일이에요. 글자가 생기기 전에는 그림문자가 그 자리를 대신했지요.

그림문자는 오늘날에도 유용하게 사용되고 있어요. 횡단보도를 건널 때 쓰는 신호등을 생각해 보세요. 거기에는 '건너가세요', '가지 마세요'라고 글자가 쓰여 있지 않아요. 그런데 우리는 어떻게 신호등만 보고 건널지 말지를 결정할 수 있나요? 그것은 빨간 등과 녹색 등에 그려진 그림의 뜻을 알고 있기 때문이에요. 빨간 등 위의 사람은 멈춰 있으니 '가지 마세요'라는 뜻이고, 녹색등 위의 사람은 걷고 있으니 '건너가세요'란 뜻이지요.

학교나 지하철, 백화점 같은 곳에 있는 공공화장실에 갈 때도 마찬가지에요. 남자화장실과 여자화장실을 어떻게 구분하지요? 남자화장실과 여자화장실을 구분하는 글자가 쓰인 경우도 있지만, 보통은 그림만 그려져 있어요.

이렇게 그림은 우리에게 많은 정보를 한 번에 전달해 줄 수 있답니다. 인터넷 채팅을 할 때 이모티콘을 쓰는 이유도 글로는 말하기 힘든 감정 상태를 단번에 알려 줄 수 있기 때문이죠.

인류가 처음에 그림을 그려 자신의 마음을 전달한 것도 이런 장점 때문이었을 거예요. 이후 그림 그리는 걸 발전시켜 그림문자를 만들어 냈지요. 한자 역시 이런 그림문자의 일종이에요. '윗 상(上)'이란 한자를 한 번 보세요. 평평한 땅 위에 무언가 있는 모양을 그림으로 나타냈지요.

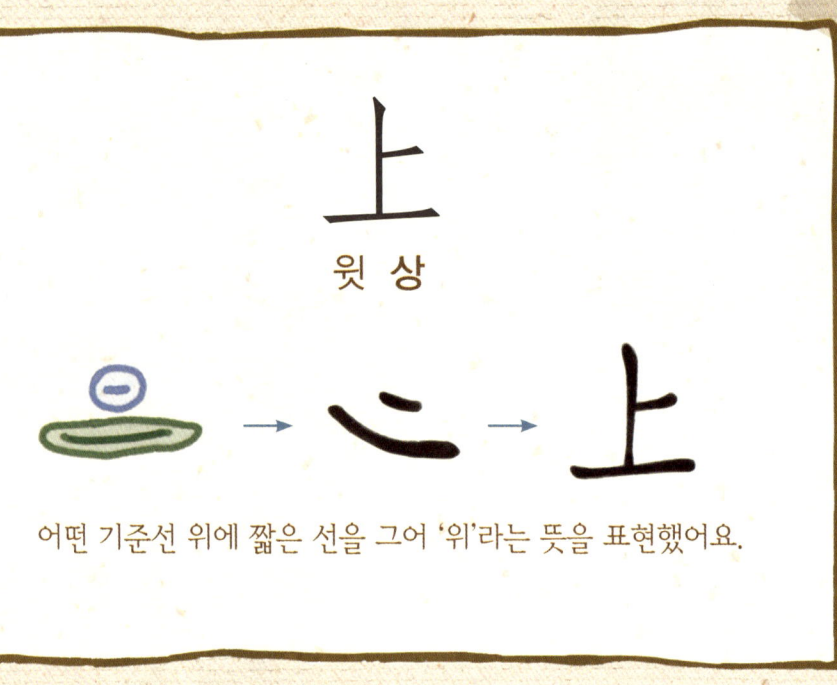

어떤 기준선 위에 짧은 선을 그어 '위'라는 뜻을 표현했어요.

먼 옛날 인류의 문명이 처음 생겨났을 때 이름을 가진 사물은 많지 않았어요. 그래서 그림으로 표현하는 데 큰 어려움이 없었지요. 하지만 문명의 발전에 맞춰 세상은 점점 수많은 이름으로 채워졌어요. 그런 사물들을 보는 사람들 역시 다양한 생각을 갖게 됐으며, 그 생각을 정리할 단어들이 필요하게 되었지요. 그렇지만 모든 사물과 생각을 그림으로 그려 낼 수는 없었어요. 결국 그림문자는 '사물의 이름과 생각을 담는 그릇'으로 변해 갔어요.

  그림문자로 그리면 그것이 새라는 것을 한눈에 알 수 있어요. 하지만 각기 다른 종류의 새를 모두 그림문자로 그려서 구분 짓기란 어려워요. 그래서 '비둘기, 제비, 까치, 까마귀, 부엉이, 독수리' 같은 이름을 지어 줬지요. 이제 그 이름만 들으면 그것이 무엇인지 머릿속에서 떠올릴 수 있게 됐어요.

  오늘날 우리는 이러한 단어문자 덕분에 세상을 훨씬 더 쉽고 빠르게 이해하게 되었답니다.

우리나라의 역사는 한반도에 고조선이 세워지면서 시작되었어.

고조선 이후 삼국시대에 이르렀을 때 선조들의 문화는 본격적으로 꽃을 피웠지.

아름다운 탑과 사찰, 장인의 숨결이 깃든 불상과 금관 등

기술과 솜씨가 담긴 유물들로 넘쳐났어.

하지만 그때에 딱 하나 없던 게 있었어.

바로 우리글.

자신의 생각을 남에게 알리는 우리말은 있었지만

그 말을 기록할 우리글이 없었던 거야.

선조들은 어쩔 수 없이 중국 글인 한자의 음과 뜻을 따 우리말을 표기했어.

신라는 춤과 노래를 즐기는 우리 민족의 선조답게 노래를 참 좋아했지.

우리말 노래 가사를 한자로 적는 방법이 따로 있을 정도였거든.

그게 향찰이고, 향찰로 지은 노래가 향가야.

그럼 향가는 어떤 노래였을까?

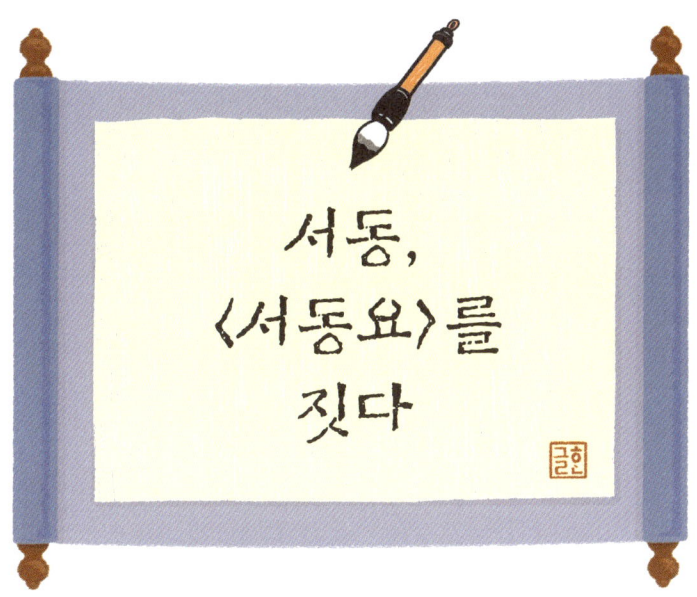

평화롭던 신라의 수도 서라벌이 발칵 뒤집히는 사건이 일어났다. 아이들의 노래 때문이었다.

선화공주님은 남몰래 사랑하는 사람이 있어
서동 도련님을 밤마다 만나러 간대요.

선화공주는 신라의 진평왕이 가장 아끼는 셋째 딸이었다. 그런 선화공주가 남몰래 사랑하는 사람을 만나러 궁궐 밖으로 나간다니 있을 수 없는 일이었다. 서라벌 사람들은 노래 속에 무슨 뜻이 담겨 있을 거라며 수군거리기 바빴다.

'선화공주가 만난다는 서동 도련님이란 사람은 대체 누굴까?'

사람들은 저마다 추측하며 서동의 정체를 밝히려 애썼지만 그가 진짜 누구인지 짐작조차 하지 못했다. 서동은 과연 어떤 사람일까? 아이들은 왜 그런 노래를 부르며 다니는 것일까?

백제 사람인 서동은 산골 마을 홀어머니 밑에서 자랐다. 서동의 집은 농사를 지을 만한 밭 한 뼘 없을 정도로 가난했다. 그래서 서동의 어머니는 늘 마을을 돌아다니며 일거리를 구해야만 했다. 마을 사람들의 찢어진 옷을 바느질했고, 잔칫집에서 허드렛일을 했으며, 빈 항아리에 물을 채우러 먼 강가까지 가는 것도 마다하지 않았다. 마을의 힘든 일은 모두 서동 어머니 몫이었다. 늦은 밤이 되어서야 피곤한 몸을 이끌고 돌아오는 어머니를 보며 서동은 다짐했다.

'어서 빨리 일을 해서 어머니를 쉬게 해 드려야지.'

서동은 자신이 할 수 있는 일을 구해 보려 했다. 하지만 마을 사람들은 그런 서동을 비웃었다.

"아직 어린 네가 무슨 일을 할 수 있단 말이냐?"

낙심한 서동은 발길을 돌리려다 무언가를 보았다. 마을에서 열리는 시장의 풍경이었다. 사람들은 그곳에서 각자 키워 온 농작물을 팔고 있었다. 서동의 머릿속에 좋은 생각이 떠올랐다.

다음 날 서동은 어머니가 일을 나가자마자 곧바로 뒷산에 올라갔다. 뒷산은 워낙 험해 사냥꾼들도 쉽게 들어가지 않는 곳이었다. 하지만 산기슭 아래에서 태어나 자란 서동에게 뒷산은 놀이터와도 같은 곳이었다.

서동은 한참 동안 수풀을 헤쳐 가며 산을 올랐다. 산 중턱에 다다른 서동이 밝은 미소를 지었다.

"찾았다!"

서동이 맨손으로 땅을 파기 시작했다. 흙 속에는 누런 색의 돌이 잔뜩 나왔다. 서동은 돌에 신경 쓰지 않고 땅을 파는 일에만 몰두했다.

잠시 후 서동의 손에 어른 팔뚝만 한 갈색 뿌리가 들려 있었다. 서동은 그 뿌리를 소중히 품에 안고 산을 내려왔다.

며칠 후 시장이 열리자 서동이 시장 한구석에 자리를 잡고 앉았다. 장사 준비를 하던 상인들이 어린 서동을 보고 웃음을 감추지 못했다.

"애야, 시장 놀이를 하려고 그러는 거냐? 바쁘니까 딴 데 가서 놀아라."

"아니에요. 저도 팔 게 있어서 온 거예요."

서동의 진지함에 사람들이 하나둘씩 모여 들었다.

"뭘 팔 건지 한 번 보여 봐라. 만약에 장난이라면 크게 혼쭐이 날 게다."

서동은 사람들이 모이자 그제야 보따리를 풀어 헤쳤다. 보따리 안에서 커다란 갈색 뿌리가 모습을 드러냈다. 그것을 본 사람들이 깜짝 놀랐다.

"이건 마가 아니냐?"

"허이구, 내 평생 이렇게 큰 마는 처음 보네."

서동이 산에서 파낸 갈색 뿌리는 다름 아닌 몸에 좋기로 소문난 마였다.

사람들은 서로 마를 사겠다고 다퉜다. 덕분에 서동은 비싼 값에 마를 팔 수 있었다. 사람들이 아쉬워하자 다음 장이 열릴 때 더 많은 마를 가져오겠다고 약속하고 서동은 그 자리에서 빠져나왔다.

그날 저녁, 서동의 어머니가 지친 몸을 이끌고 집으로 돌아왔다. 그런데 이럴 수가! 방 안에 맛있는 음식이 잔뜩 차려져 있었다. 꿈인지 생시인지 얼떨떨한 표정으로 서 있는 그녀에게 서동이 자초지종을 설명했다.

"어머니, 이제 걱정하지 마세요. 제가 산에서 마를 캐다가 어머니를 호강시켜 드릴게요."

어른스런 서동의 말에 어머니의 눈시울이 붉어졌다. 그녀는 말없이 서동을 꼭 껴안았다.

그날 이후 마을 장이 열릴 때마다 사람들은 서동을 찾았다. 서동이란 이름도 이때 생겨났다. 사람들은 처음에 서동을 '마를 파는 아이'라고 불렀고, 그 말을 줄여 '맛동'이라 했다. 그런데 당시에는 '마'를 쓸 수 있는 우리나라 글이 없었기 때문에 한자에서 마를 뜻하는 '마 서(薯)'를 써서 '서동'이라 이름 붙였다.

어느덧 서동은 어엿한 어른이 되었다. 마을에서 착하고 잘생긴 서동을 모르는 이는 아무도 없었다. 여인들은 서동의 뒷모습에도 얼굴을 붉히기 일쑤였다. 서동은 그런 여인들의 마음을 아는지 모르는지 그저 마를 파는 데에만 열심이었다.

그러던 어느 날 조용하던 마을이 시끌벅적해졌다. 누군가 신라에서 두루마리를 가져왔는데, 그 안에 그려진 여인의 모습이 마치 하늘에서 내려온 선녀 같았기 때문이다. 두루마리의 주인은 신이 나서 말했다.

"어때? 이분이 세상에서 가장 아름답다는 신라 진평왕의 셋째 따님 선화공주님이셔. 내가 이 그림을 보자마자 얼마나 가슴이 떨렸던지. 그래서 가진 돈을 탈탈 털어 사 왔지."

모두들 선화공주의 자태에 감탄사를 뱉었다. 그중 한 사내가 이런 여자를 부인으로 얻고 싶다고 말했다. 그 말에 주위 사람들이 모두 껄껄거리며 웃었다.

"이렇게 아름다운 공주님이 어디 너 같은 놈이랑 결혼할까 봐서. 혹시 모르겠네. 마 파는 서동이라면 모를까."

누군가 그 자리에 있던 서동을 가리키며 말을 하자, 모두 "맞다." 하고 손뼉을 치며 웃음을 터뜨렸다. 하지만 단 한 명 웃지 않는 사람이 있었으니 그림을 뚫어지게 바라보던 서동이었다.

그날 이후 서동은 웃음을 잃은 채 매일을 멍하게 지냈다. 장날마다 활기차게 마를 팔던 그였지만, 이제는 그저 한구석에 마를 깔아 놓고 굳은 얼굴로 앉아만 있었다. 그마저도 나오지 않는 날이 더 많았다. 선화공주의 초상화를 본 순간 첫눈에 반해 버리고 만 것이었다. 하지만 선화공주를 떠올릴수록 서동은 더 우울해졌다.

'그렇게 아름다운 공주님이 마나 파는 나 같은 놈에게 시집올 리가 없어.'

서동의 마음을 알아차린 어머니는 며칠을 고민하다 어느 날 밤 서동을 불러내 함께 어디론가 향했다.

서동의 어머니가 그를 데리고 간 곳은 마을 남쪽에 있는 깊은 연못가였다. 영문도 모른 채 따라온 서동이 어머니에게 물었다.

"어머니, 저를 왜 여기에 데리고 온 건가요? 여긴 용이 산다는 이야기가 있어서 낮에도 사람들이 찾지 않는 곳이잖아요."

그녀가 잠시 망설이다 입을 열었다.

"네가 어렸을 적 아버지가 누구냐고 물은 적이 있었다. 이제 알려 주마. 이 연못에 사는 용이 바로 네 아버지다."

서동은 놀라 아무 말도 하지 못했다. 용이 내 아버지라니!

어머니는 담담한 표정으로 말을 이었다.

"내가 젊었을 때 나와 결혼한 남편은 병으로 일찍 세상을 뜨고 말았

단다. 홀로 남은 나는 이 연못 근처에 집을 짓고 살았지. 그러던 어느 날, 갑자기 맑은 하늘에 먹구름이 끼더니 천둥 번개가 치기 시작했단 다. 그때 보았지. 이 연못에서 검은 용이 나오는 모습을 말이다. 그 용은 내게 다가와 나를 태우고는 하늘로 치솟아 올라갔단다. 나는 너무 놀라 기절하고 말았지.

 잠시 후 눈을 떠 보니 연못 옆에 쓰러져 있었단다. 하늘은 언제 그랬냐는 듯 구름 한 점 없이 너무나 맑았지. 그리고 열 달 후 네가 태어났단다. 사람들은 널 병으로 세상을 뜬 남편의 아들로 생각했지만 난 알고 있었단다. 네 아버지가 용이라는 걸."

 어머니는 서동의 손을 꼭 잡으며 계속 말했다.

 "얘야, 너는 이 세상 어느 누구보다 고귀한 이의 아들이다. 너야말로 선화공주의 남편이 될 자격이 충분하다. 내 걱정은 말고 어서 서라벌로 가거라."

 아버지에 대해 알게 된 서동은 두근거리는 마음을 감출 수가 없었다. 조금 전까지 우울했던 마음 역시 씻은 듯 사라졌다. 벅차오르는 용기가 그의 마음을 가득 채웠다.

 다음 날, 서동은 어머니께 큰절을 올리고 길을 나섰다. 서동이 어깨에 멘 보따리에는 산에서 캔 마가 한가득 들어 있었다. 서동에게는 그 마가 선화공주와 자신을 맺어 줄 수 있는 보물이었다.

 "여기가 말로만 듣던 서라벌인가?"

 백제의 시골 마을에서만 살다 신라의 수도 서라벌에 도착한 서동의 눈이 휘둥그레졌다. 거리를 가득 메운 마차와 수많은 사람들, 커다란 건물은 서동으로서는 난생 처음 보는 광경이었다. 그러나 서동은 기죽지 않았다. 오히려 당당하게 큰 걸음으로 서라벌을 활보했다. 이상한 일은 서동이 먼저 향한 곳이 선화공주가 사는 궁궐이 아니었다는 점이다. 그는 아이들이 모여 노는 공터로 발걸음을 옮겼다.

서동은 공터 한구석에 자리를 잡았다. 이윽고 보따리에서 마를 꺼내 한 입 베어 물었다.

"와그작, 쩝쩝!"

공터에 울려 퍼지는 맛있는 소리에 배가 고파진 아이들이 하나둘씩 서동 주변으로 모여들었다. 아이들의 입에는 이미 침이 한가득 고여 있었다. 서동은 씩 웃으며 아이들에게 마를 한 조각씩 나눠 주었다.

며칠을 그렇게 하자, 어느새 아이들이 서동을 따르기 시작했다. 때가 되었다고 생각한 서동이 아이들을 모두 불러 모았다.

"오늘은 내가 재미있는 노래를 가르쳐 줄게. 모두 따라 불러 봐."

아이들은 서동이 가르쳐 준 노래를 따라 불렀다. 그런데 문제가 하나 있었다. 당시에는 우리말을 적을 글이 없었다. 그래서 가사를 까먹으면 다시 보고 외울 수가 없었다.

서동은 곧 꾀를 내었다. 한자의 음과 뜻을 이용해 우리말을 글로 쓴 것이다. 그것은 우리말 노래인 향가를 글로 쓰는 방법인 향찰이었다.

善化公主主隱　　他密只嫁良置古
선화공주님은　　남몰래 사랑하는 사람이 있어

薯童房乙　　　　夜矣卯乙抱遣去如
서동 도련님을　　밤마다 만나러 간대요.

우리말의 음을 적을 수 있는 우리글이 있었다면 좋았겠지만, 당시로서는 이렇게 향찰로 글을 쓰는 것이 최선의 방법이었다. 다행히 아이들은 노래를 금세 외워 불렀고, 곧 서라벌 아이들 가운데 '서동요'를 모르는 아이는 없게 되었다.

서동요가 서라벌에 퍼지자 가장 당황한 사람은 진평왕이었다. 노래를 들은 귀족들이 하나같이 진평왕에게 달려와 목소리를 높였기 때문이다.

"망측한 노래가 아이들의 입에서 나오는 건 나라에 큰 변고가 일어

善化公主主隱　　他密只嫁良置古

날 징조입니다. 노래가 잠잠해질 때까지 만이라도 선화공주님을 먼 곳으로 귀양 보내시옵소서."

처음에 진평왕은 귀족들의 말을 귀담아 듣지 않았다. 하지만 시간이 지날수록 거세지는 귀족들의 의견을 무시할 수만은 없었다. 당시에는 왕이라도 귀족들을 함부로 대할 수 없었다. 자칫하다간 왕좌에서 쫓겨날 수도 있는 일이었다. 고민 끝에 진평왕은 선화공주를 불렀다.

진평왕은 선화공주를 앞에 두고 차마 어떤 말도 할 수 없었다. 그때 선화공주가 먼저 입을 열었다.

"아바마마, 그간 궁궐에서 있었던 일들을 시녀를 통해 모두 들었습니다. 어찌 제 몸 하나 지키자고 아바마마를 위험에 빠뜨리겠습니까. 밖으로 나갈 준비는 마쳤으니 뜻대로 하옵소서."

薯童房乙 夜矣卯乙抱遣去如

진평왕은 자신을 위해 귀양을 가겠다는 선화공주의 말에 눈물을 흘렸다.
"미안하구나, 공주야. 내 곧 부를 테니 잠시만 몸을 피해 있어라."
선화공주는 진평왕을 향해 공손히 몸을 숙였다. 그러나 입가에는 장난기 어린 미소가 가득했다.

"와, 이게 바깥세상이구나!"
귀양길에 오른 선화공주는 그 어느 때보다 즐거운 표정이었다. 그녀는 지금껏 궁궐 밖으로 나온 적이 한 번도 없었다. 귀양을 가겠다고 자청한 것도 실은 바깥세상을 구경하기 위해서였다. 호위병을 붙이겠다

는 진평왕을 만류하고 홀로 평민 복장으로 길을 나선 것도 이 같은 이유에서였다.

그때 한 무리의 아이들이 서동요를 부르며 지나고 있었다. 공주는 이미 궁궐 안에서 담을 타고 넘어오는 노랫소리를 몇 번 들은 적이 있었다. 그때마다 공주는 기분이 나쁘기는커녕, 오히려 서동이 누굴까 궁금하기까지 했다.

'서동은 누구일까? 어떤 사람일까? 정말 있는 사람이긴 할까?'

서동에 대한 생각에 빠져 걷던 공주가 정신을 차리고 보니 어느새 하늘이 어두워져 있었다. 하룻밤 지낼 곳을 찾아 발걸음을 서둘렀지만 어디에도 불빛은 보이지 않았고, 오히려 산짐승의 소리만 점점 가까워졌다.

"어쩌지? 이러다 바깥세상에 나온 첫날에 산짐승한테 잡아먹히는 거 아냐?"

아버지의 말을 듣지 않은 걸 후회했지만 이미 늦은 뒤였다.

두려움을 떨쳐 버리기라도 하듯 공주는 어두운 산길을 내달렸다. 그러길 한참 공주는 잔뜩 지쳐 한 걸음도 떼지 못할 지경에 이르렀다. 그때 어디선가 횃불을 든 청년이 공주 앞에 나타났다.

"괜찮으십니까?"

선화공주는 드디어 사람을 만났다는 안도감에 눈물을 글썽였다. 청년이 재빨리 흰 천을 꺼내 공주에게 건넸다.

"이걸로 눈물을 닦으세요. 평민의 옷을 입으셨지만 얼굴을 보니 귀한 집의 따님 같으시군요. 제가 모셔다 드리겠습니다."

눈물을 닦던 공주가 청년의 상냥한 말에 고개를 들어 그를 바라보았다. 듬직한 모습에서 한 나라의 왕이라 해도 믿을 법한 고귀한 자태가 흘렀다. 보통 사람은 아닌 듯 보였다. 공주는 콩닥거리는 심장 소리를 애써 감추며 입을 열었다.

"고마워요. 실례지만 이름이……?"

청년이 미소를 띠며 말했다.

"저 같은 평민이 이름이 어디 있겠습니까. 다만 마를 판다고 해서 남들이 서동이라고 부른답니다."

공주는 화들짝 놀랐다. 노래 속의 주인공이 눈앞에 나타나다니. 공주는 그가 운명의 상대라는 걸 깨달았다.

서동은 선화공주를 데리고 어머니가 기다리는 집으로 돌아갔다. 서동의 낡은 집을 본 공주는 짐에서 황금을 꺼내 서동에게 주었다.

"황금이에요. 이걸 가져다 팔면 많은 돈을 받을 수 있을 거예요."

서동은 그 황금이란 것이 마를 캐던 산에 잔뜩 굴러다니던 누런 돌이라는 사실에 깜짝 놀랐다.

그 말을 듣고 서동은 산에서 마 대신 황금을 캤다. 그러고는 그것을 모두 진평왕에게 바쳤다. 진평왕은 서동의 능력을 인정하고, 공주와의 결혼을 축복해 주었다.

용의 아들로 태어나 노래 한 곡으로 신라의 선화공주를 부인으로 맞이한 서동. 그는 타고난 능력을 펼쳐 백제의 왕이 되었다. 그리고 세상을 떠날 때까지 선화공주와 행복하게 살았다. 그가 백제의 30대 왕, 무왕이다.

서동요는 최초의 향가가 아니다?

서동이 부른 서동요는 현재 남아 있는 향가 중 가장 오래된 향가예요. 하지만 최초의 향가는 아니에요. 서동요 전에도 많은 향가가 있었다고 추측되지만, 지금까지 전해지지 않아요. 신라시대 최초의 향가집인 《삼대목》이 있었다는 기록은 있지만 남아 있지 않아요. 신라시대의 선조들이 어떤 노래를 불렀을지 궁금한데, 참 아쉬운 일이죠.

향찰을 어떻게 읽어야 할까?

향찰은 한자의 음 또는 뜻을 빌려 쓰는 방법이에요. 예를 들어 '서동'의 원래 이름은 '맛동'이라고 해요. 맛동이란 이름을 글로 쓸 때 '마 서(薯)'의 뜻을 빌려 '서동'이라고 쓴 거예요.

깊이 읽기

다른 글을 빌려 쓰는 차자 표기법

 차자 표기법이란 '다른 글자를 빌려 우리의 말을 기록하는 방법'이에요. 그런데 이건 단순히 외국어를 쓰는 것과는 달라요.
 예를 들자면 '나는 너를 좋아해'를 영어로 쓰면 'I like you'예요. 그런데 국어와 영어는 말하는 순서가 달라요.

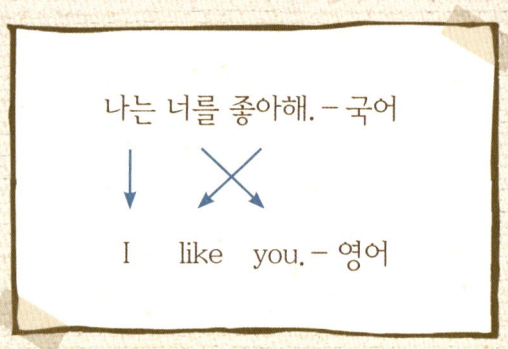

 우리가 말하는 순서대로 영어를 쓴다면 'I you like'라고 써야겠죠. 이게 바로 차자 표기법이에요. 외국어 단어를 쓰지만 우리말의 순서를 따르거든요.
 우리나라의 대표적인 차자 표기법에는 향찰과 이두가 있어요. 향찰은

향가의 가사를 표기할 때 사용하며 모든 단어를 우리식 표기로 하는 것이 특징이에요. 이두는 하급 관리들이 쓰는 공적인 문서에서 많이 사용되었어요. 한자식 표기를 주로 하며, 조사나 어미, 부사나 용언에만 한글식 표기를 사용했어요.

향찰은 신라시대를 지나 향가가 쇠퇴하면서 서서히 쓰는 사람이 사라졌어요. 하지만 이두는 한자를 잘 알지 못하는 하급 관리들이 계속 사용하면서 조선시대 후기까지 명맥을 유지하였지요.

그럼 〈서동요〉의 한 부분을 해석해 보면서 향찰을 어떻게 읽어야 하는지 알아볼까요?

善化公主主隱

'善化公主'는 그대로 '선화공주'를 뜻해요. 그렇다면 그 뒤의 '主隱'은 뭘까요? 뜻을 풀이하면 '주인 주(主)'에 '숨길 은(隱)'이라서 '주인을 숨기다'라는 뜻이 되는데, 뭔가 이상하죠?

여기서 '주(主)'에는 '주인, 임금, 그리고 님'이라는 뜻이 있어요. 그러니 그 뜻을 따 '님'이라고 읽으면 돼요. '은(隱)'은 딱히 다른 뜻이 있는 게 아니라, 우리말 조사인 '~은'을 쓰기 위해 음만 딴 거예요. 따라서 '善化公主主隱'이란 가사는 '선화공주님은'이라고 읽으면 돼요.

어휴, 한 문장 읽기가 너무 힘이 들죠? 그래서 향찰이나 이두와 같은 차자 표기법은 소수의 사람들만 사용했답니다. 대부분의 보통 사람들은 글을 알지 못했지요.

향찰은 신라가 멸망하면서 사라졌어.

한자의 음과 뜻을 사용해

우리말을 글로 옮겨 적을 수 있게 해 주던 향찰이 사라진 이유는 뭘까?

그건 향가가 더 이상 불리지 않아서야.

향가가 불리지 않으니 자연스레 향찰도 쓰이지 않게 된 거지.

또 향찰을 주로 사용하던 신라의 귀족들이

중국의 말과 글을 그대로 쓰는 걸 더 좋아하면서

향찰을 쓰지 않게 되었다는 추측도 있어.

신라의 귀족들은 우리나라보다 중국을 훨씬 더 좋아했다고 하거든.

그래서 한문을 배우려는 열풍이 불었대. 지금의 영어 교육 열풍과 비슷하지.

하지만 당시 한문을 정식으로 배울 수 있는 사람들은 귀족들뿐이었어.

그래서 평민들은 까막눈으로 살아야만 했지.

향찰은 사라졌지만,

한자를 이용해서 우리말을 글로 적는 방법은 아직 남아 있었어.

평민 출신의 하급 관리들이 쓰던 이두와,

한자를 쉽게 배우기 위해 쓰이던 구결이 그 대표적인 예야.

하지만 이두와 구결 역시 한자를 전혀 모르면 배울 수 없다는 단점이 있었어.

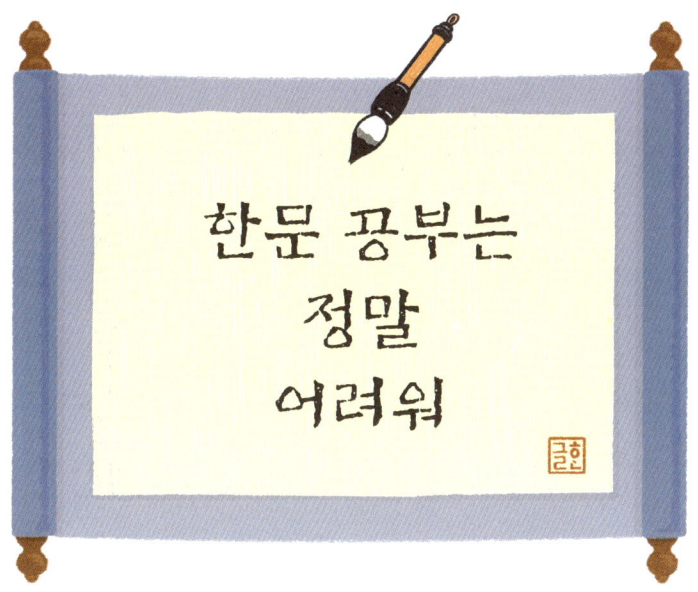

한문 공부는 정말 어려워

해가 이글이글 타오르는 한여름, 그중에서도 가장 더운 한낮. 논밭을 일구는 힘찬 일꾼도 잠시 그늘을 피해 쉬어야만 하는 때였다. 그리고 그때 탐스럽게 익어 가는 수박 밭을 향해 다가가는 네 명의 아이들이 있었다.

네 아이 중 가장 용감한 돌식이가 먼저 나가 주변을 둘러보았다. 아무도 없는 걸 확인한 돌식이가 손짓을 하자 나머지 아이들이 행동을 개시했다. 눈썰미 좋은 창희가 수박 밭을 둘러봐서 큼지막한 놈을 고르면, 꾀돌이 태전이가 수박을 손가락으로 두드려서 익은 정도를 파악했다. 그사이 신중한 강복이는 누가 오지 않나 망을 보았다. 그야말로 완벽한 호흡이었다.

드디어 목표물이 포착되었다. 넷이 실컷 먹어도 남을 거대한 왕 수박. 두드려 보니 맑고 부드러운 소리가 나는 것이 속까지 잘 익은 게 틀림없었다. 넷은 의미심장한 미소를 나누며 고개를 끄덕였다. 이제 조용히 들고 가기만 하면 되었다.

하지만 꼬리가 길면 밟힌다고 했던가.

"이놈들! 네놈들이 수박 도둑들이구나!"

고함 소리와 함께 풀숲에서 박 노인이 뛰쳐나왔다. 자꾸 수박이 사라지는 걸 눈치챈 박 노인이 범인을 잡으려고 숨어 있었던 모양이다.

네 아이는 깜짝 놀라 걸음아 날 살려라 도망치면서도 목표로 한 수박을 절대 놓지 않는 대담함을 선보였다. 그게 더 괘씸해진 박 노인은 온 힘을 다해 네 아이의 뒤를 쫓았다. 그런데 갑자기 박 노인의 표정이 묘하게 변하더니 멈춰 서서는 눈을 비벼대기 시작했다.

"늙어서 헛것이 보이나?"

하지만 다시 봐도 마찬가지였다.

박 노인은 그저 멀어져 가는 아이들의 뒷모습만 바라볼 수밖에 없었다.

시원한 바람이 솔솔 부는 계곡에서 네 명의 아이들이 전리품을 앞에 두고 의기양양하게 서 있었다.

'쩍!'

"우와!"

　쪼개진 수박 속에서 빨간 속살이 드러나자, 아이들의 입에서 절로 탄성이 터져 나왔다. 동시에 누가 먼저랄 것도 없이 수박 조각을 입에 욱여넣었다.

　"이야! 꿀이다, 꿀!"

　머리를 맞대고 둘러앉아 수박을 먹는 아이들의 얼굴에 모두 똑같은 미소가 떠올랐다. 그러나 그들의 미소와는 달리 입고 있는 옷은 너무도 달랐다. 강복이는 양반의 옷을, 태전이와 창희는 중인의 옷을, 돌식이는 천민의 옷을 입고 있었던 것이다.

　조선시대는 나라의 법으로 양인과 천인, 두 가지 신분으로 나뉘어 있지만 실제로는 양반, 중인, 평민, 천민 네 신분으로 구분되었다. 신분의 높고 낮음에 따라 할 수 있는 일이 정해져 있었고, 옷차림도 달랐다. 신분이 낮으면 아무리 나이가 많아도 신분이 높은 사람에게 높임말을 써야 했다. 이런 사회에서 신분이 다른 이들끼리 어울린다는 건 상상조차 할 수 없는 일이었다. 그러니 수박 밭 주인 박 노인이 놀란 것도 무리는 아니었다.

그러나 어렸을 적부터 함께 놀며 어느새 세상에서 가장 친한 친구가 된 이 아이들에게 그런 신분 제도니 법이니 하는 건 아무 상관도 없는 일이었다. 다만 부모가 알면 혼날 일이라는 걸 알 만한 나이였기에, 어울린다는 사실만은 비밀에 부쳤다.

그리고 이들에게는 그런 것보다 훨씬 더 심각한 문제가 있었다.

수박을 다 먹어 치우고 나자, 네 아이의 얼굴에 슬며시 불안감이 피어올랐다. 수박 서리가 들켰기 때문만은 아니었다.

"오늘 서당 빼먹은 거 아버지가 아시기라도 하면 나 쫓겨날지도 몰라."

강복의 말에 다른 아이들의 얼굴도 흙빛으로 변했다.

사실 아이들은 해야 할 공부를 빼먹고 놀러 온 것이었다. 처음에는 해방감을 만끽했지만, 집으로 돌아갈 시간이 되자 마음이 답답해지기 시작했다.

왜 네 아이는 공부를 빼먹었을까?

갑자기 태전이 땅이 꺼져라 한숨을 푹 내쉬었다. 마치 자기 고민을 들어달라는 신호 같았다. 다른 아이들의 시선이 태전에게 향하자, 기다렸다는 듯 태전의 한탄이 터져 나왔다.

"나, 이번에도 사역원 입학시험에 떨어졌어."

태전의 집안은 대대로 중국말을 통역해 주는 역관 가문이었다. 합법적으로 외국에 갈 수도 있었고, 중국 상인과의 무역을 통해 큰돈을 벌 수 있었기에 역관은 중인이 가질 수 있는 최고의 인기 직업이었다. 그렇기에 역관이 되기 위한 경쟁도 치열했다.

역관 시험에 합격하기 위해서는 여러 조건이 필요했지만, 뭐니 뭐니 해도 외국어 실력이 가장 중요했다. 그러나 조선시대에는 외국을 오가는 일이 엄격하게 통제되어 있었다. 당연히 외국어를 배우러 외국 유학을 간다는 건 꿈도 꿀 수 없는 일이었다.

사역원은 역관을 배출하려고 나라에서 정책적으로 세운 교육 기관이었다. 최고의 외국어 교육 기관인 만큼 사역원에 들어가기만 하면 역관이 되는 건 따 놓은 당상이었다. 하지만 그 이유 때문에 역관 시험에 합격하는 것보다 사역원에 입학하는 게 더 어려웠다. 또한 선임 역관의 추천을 받지 못해 시험 자격조차 얻지 못하는 경우가 많았다.

그런 면에서 역관 집안의 자제인 태전은 남들보다 훨씬 유리했다. 하지만…….

태전은 봇짐에서 책 한 권을 꺼냈다. 벌써 몇십, 몇백 번을 봐서 다 낡아 떨어진 책.

"이 책 때문에 매일 아버지한테 혼나기만 해."

그 책은 조선시대의 유일한 중국어 회화책인 〈노걸대〉였다. 사역원에 들어가기 전에 중국어를 공부하는 유일한 방법은 〈노걸대〉를 통째로 외우는 것밖에 없었다. 사역원 입학시험도 〈노걸대〉의 한 부분을 그대로 외워 말하는 것이었다. 그러나 태전은 꾀는 많은데 암기에는 영 소질이 없었다.

"우리가 사람이지, 무슨 책이야? 왜 그렇게 말하는지 이해를 해야지, 달달달 외우기만 하면 책이랑 다를 게 뭐야!"

태전 스스로 그런 생각을 하고 있었으니 사역원 입학시험에서 매번 떨어지는 것은 당연했고, 그럴 때마다 태전은 아버지에게 혼쭐이 났.

〈노걸대〉를 마치 원수인 양 째려보던 태전이 갑자기 책을 바닥에 내팽개쳐 버렸다.

"대체 왜 우리만 중국어 공부를 해야 해! 중국 사신들이 우리말을 배우면 되잖아!"

그 모습을 빤히 지켜보던 창희가 한마디 했다.

"난 네가 부러운걸. 아버지가 역관이니 너도 역관이 될 수 있잖아. 자고로 사내라면 세상을 넓게 봐야지. 게다가 돈도 많이 벌 수 있잖아. 근데 난 이게 뭐냐?"

이번에는 창희가 신세 한탄을 시작했다. 창희가 먼 곳을 아련하게 바라보며 말했다.

"너희, 내 어렸을 적 꿈이 뭐였는지 알지?"

그 말에 모두들 무겁게 고개를 끄덕였다. 창희의 꿈은 사또였다. 사또는 마을 아이들 대부분의 꿈이었지만, 창희가 사또를 꿈꾸게 된 건 조금 특이했다. 그건 "니 죄를 니가 알렷다!" 때문이었다.

"마을에 죄를 지은 사람이 생기면 관아로 데리고 가잖아. 그럼 사또가 관아 가장 높은 자리에 앉아서 그를 가리키며 외치지. '니 죄를 니가 알렷다!' 진짜 멋지지 않아? 난 사또가 돼서 그 말을 꼭 할 거야."

어린 창희가 늘 입에 달고 살던 말이었다. 하지만 그건 이루어질 수 없는 꿈이었다. 창희는 중인이었기 때문이다. 중인으로서 올라갈 수 있는 관직은 제한되어 있었다.

"난 아무리 공부를 해 봤자 이방 밖에 못 해. 뱁새 수염을 기르고 사또 옆에서 '네, 사또오.' 하고 외치는 그 이방!"

꿈이 사라졌으니 공부를 하고 싶을 리가 없었다. 게다가 원리 원칙 따지기를 좋아하는 창희에게 이방이 되기 위한 공부는 이상하기 짝이 없었다. 바로 이두 때문이었다.

당시에는 우리글이 없었기 때문에 문서를 쓸 때 한문으로 적어야 했다. 그런데 중국의 문법과 우리말의 문법은 많이 달랐다. 예를 들어 '나는 너를 좋아한다'라는 말은 한문으로 쓰면 '我(나는) 愛(좋아한다) 你(너를)'로 문장 순서가 바뀐다. 그래서 한자로 완벽한 문장을 만들기 위해서는 오랫동안 공부를 해야 했다. 문제는 그런 공부를 할 시간도, 돈도 중인들에게는 없다는 점이었다.

그래서 탄생한 것이 이두(吏讀)다. 이두는 한자를 빌어 우리말을 표기하는 방법으로, 신라의 학자인 설총이 정리했다고 전해진다. 이두 표기법은 하급 관리들의 문서에 주로 쓰였는데, 그 사용은 조선시대로까지 이어졌다.

이두는 한자를 가지고 우리말의 문법과 말투를 표기했기 때문에 신기한 말들이 많았다.

"서당에서 〈대명률직해〉(요즘의 종합법전)를 배우는데, 爲去乙良이라는 말이 계속 나오는 거야. 그런데 대체 무슨 말인지 해석이 안 돼.

그래서 물어보니까 뭐라는 줄 알아?

할 위(爲)에서 '할', 갈 거(去)에서 '거', 새 을(乙)에서 '을', 좋을 량(良)에서 '량'을 뽑아 조합하면 '할+거+을+량'. 그러니까 우리말 '~하거들랑'을 저렇게 써 놓은 거라니까!"

지금 생각해도 황당하다는 듯 창희는 한숨을 푹푹 내쉬었다.

"게다가 이런 게 한 두 개가 아냐. '없거늘'은 '無去乙', '있거늘'은 '有去乙'. '하며'는 '爲如'. 한문도 아니고 우리글도 아닌 이 어중간한 게 대체 뭔지!

그래서 훈장 선생님께 이상하다고 했더니, 갑자기 회초리를 드시는 거야. 자기한테 대들었다고! 그런 게 아니잖아!"

창희의 말이 틀린 것도 아니었다. 이두는 어쩔 수 없이 쓰는 문자로, 조정의 공식 문서는 여전히 한문으로 쓰이고 있었다. 그런 까닭에 지방의 하급 관리들이 이두로 쓴 문서를 조정으로 보내면 읽을 수 있는 사람이 없었다. 그래서 이두를 한문으로 번역하는 '이문관'이라는 직책이 따로 있을 정도였다.

창희는 강복을 부러운 눈빛으로 바라봤다.

"강복이 넌 좋겠다. 나도 반쪽짜리 글자 이두가 아닌, 너처럼 한문을 배웠으면 좋겠어."

강복이 기다렸다는 듯 주먹으로 가슴을 두드리며 신세 한탄을 시작

- 無去乙: 無의 뜻인 '없다'와 去乙의 음인 '거을'을 합쳐 '없거늘'이라고 읽는다.
- 有去乙: 有의 뜻인 '있다'와 去乙의 음인 '거을'을 합쳐 '있거늘'이라고 읽는다.
- 爲如: 爲의 뜻인 '하다'와 如의 음인 '여'를 합쳐 '하며'라고 읽는다.

했다.

"니들은 몰라. 내 답답함을······."

강복이 나뭇가지를 들어 흙바닥에 뭔가를 적었다. 〈논어〉의 첫 구절 '學而時習之不亦說乎(학이시습지불역열호; 배우고 때때로 익히니 기쁘지 아니한가)'였다. 그런데 그 사이에 무언가 이상한 글자가 들어가 있었다.

學而時習之ㄱ 不亦說乎ㅅ

"저기 쓰다 만 것 같은 글자는 뭐냐?"
태전이 묻자 강복이 글자를 가리키며 대답했다.
"이게 바로 구결이야."

조선 양반들의 책인 〈논어〉, 〈맹자〉, 〈중용〉, 〈대학〉과 같은 유교 경전들은 모두 한자로 쓰여 있었는데, 띄어쓰기 없이 쭉 이어져 있어 읽기가 매우 힘들었다. 그래서 우리말로 토를 달면 좋겠다고 생각하는 사람이 많았다.

좋은 생각이었지만 문제가 있었다. 토를 달 우리글이 없었기 때문이다. 그렇다고 이두처럼 한자를 그대로 썼다가는 책의 내용과 헷갈릴 우려가 있었다.

그래서 만든 것이 구결이었다. 구결은 한자의 앞부분이나 뒷부분을 딴 뒤 약자로 써서 우리말을 표기하는 방식이었다.

'學而時習之ㄱ 不亦說乎ㅅ'에서 'ㄱ'는 '얼굴 면(面)'의 윗부분을 딴 것이고, 'ㅅ'는 '그물 라(羅)'의 윗부분인 '罒'이 변화된 것이다. 따라서 구결을 함께 읽으면 "학이시습지면 불역열호라."라고 읽힌다. 토를 닮으로써 읽기는 편해졌지만 한문 공부를 위해 따로 구결을 배워야 하는 상황이 생겨났다.

"그렇게까지 고민을 했으면 우리글을 만들지, 왜 또 구결 같은 걸 만들어서 사람을 힘들게 하는지 몰라."

강복이 한숨을 내쉬자, 태전과 창희도 함께 한숨을 내쉬었다.

"걱정하지 마. 너희가 공부를 안 해서 그렇지 사실 머리는 엄청 좋잖아. 그러니까 조금만 더 열심히 하면 다 잘 될 거야. 태전이 넌 역관이 되어서 중국에서 큰돈을 벌 거고, 창희 넌 사또보다 더 멋진 이방이 될 거야. 강복이 넌 과거에 장원급제한 뒤 일인지하 만인지상의 영의정까지 될 거라니까."

돌식이 가라앉은 분위기를 바꾸려고 일부러 밝은 목소리로 친구들을 격려했다.

처음에 세 아이는 심드렁했지만 돌식의 진심에 곧 얼굴이 밝아졌다.

"그래, 내가 꾀가 얼마나 좋은데! 중국 상인들아, 기다려라!"

"맞아, 이방이라고 늘 뱁새 수염 기르라는 법 있어! 나도 사또 수염 기르고 중후한 목소리로 말할 거라고!"

"마마, 기다리세요! 미래의 영의정 강복이가 갑니다요!"

세 아이는 어느새 활기찬 목소리로 자신들의 미래를 그리고 있었다. 돌식은 친구들의 모습에 미소를 지었지만, 그 미소 속에는 쓸쓸함이 배어 있었다.

'나도 글을 읽고 싶다.'

　돌식은 글공부가 하고 싶었다. 책을 읽고 세상의 지혜를 알고 싶었다. 몰래 책을 구해 읽어 보려 한 적도 있었다. 그러나 아무리 책을 봐도 뭐가 뭔지 알 수가 없어 곧 포기하고 말았다. 글공부를 하러 서당에 갈 수는 더더욱 없었다. 천민 신분의 아이가 글공부를 한다는 것은 조선에서는 있을 수 없는 일이었다. 천민은 그저 아버지의 일을 물려받는 게 고작이었다. 아버지처럼 소를 잡는 백정이 되는 것이 돌식의 미래였다.

돌식은 애써 고개를 저으며 우울한 마음을 털어 낸 뒤 짐짓 밝게 웃으며 말했다.

"슬슬 배고픈데. 아랫마을에 가서 감자 좀 캐올까? 만식이 아저씨네 감자가 잘 익었더라."

그 말에 아이들의 입속에 침이 고였다. 돌식이 소리쳤다.

"자, 가자!"

돌식이 앞장서자 나머지 세 아이가 뒤따랐다.

돌식은 산을 내려가며 소원을 빌었다.

'언제가 되어도 좋으니, 나 같은 사람도 쉽게 글을 읽을 수 있는 세상이 오기를……'

천민은 글을 배울 수 없었다?

글을 배우고 싶어도 배울 수 없는 천민의 처지가 안타깝네요. 그러나 실제로는 천민이 한자를 배우는 것을 금지했다는 기록은 찾아보기 힘들어요. 그렇다 하더라도 최하층민인 천민이 한자를 배울 시간이나 금전적 여유가 있을 리 없었죠. 결국 전민이 한자를 배운다는 건 꿈같은 일이었어요.

깊이 읽기

이두와 구결

한글의 가장 큰 경쟁자, 이두

　신라시대에 생겨난 이두는 조선 후기까지 관공서에서 널리 쓰였어요. 한글이 생긴 후에도 쓰였다는 이야기인데, 이두가 이토록 오랫동안 살아남을 수 있었던 이유는 무엇이었을까요?

　향찰은 한글을 전부 다 한자로 차자 표기하려고 했어요. 하지만 이두는 한자로 표현할 수 있는 건 한자로 쓰고, 한자로 쓸 수 없는 우리말만 한자를 빌려 썼어요. 예를 들어 '나무를'이라는 말은 향찰로는 '羅無乙'이라고 적어요. 반면 이두는 간단하게 '木(나무)乙(을)'이라고 표기하는 식이죠.

　이건 향찰과 이두의 쓰임이 달라서예요. 향찰은 '향가'라는 노래의 가사를 쓰는 표기법이기 때문에 발음을 정확히 표기해야 하는 반면, 이두는 공문서용이기 때문에 뜻만 통하면 되었거든요.

　이두는 이런 편리함 때문에 오랫동안 쓰였지만 문제점이 있었어요. 우리말을 이두식 표기로 바꾸는 과정에서 많은 우리말이 사라지고, 한자어만 남게 되었거든요. 그중 가장 대표적인 것이 지명이에요. 신라 경덕왕이 전국의 지명을 한자로 바꿔 버린 후 아름다운 순우리말 지명이 대부분 사라지고 말았어요. 요즘 들어서 새롭게 순우리말 지명을 쓰려고 하니 그나

마 다행스러운 일이지요.

　이두에 관해 대부분 잘못 알고 있는 사실이 하나 있는데, 그것은 설총이 이두를 만들었다는 이야기예요. 〈삼국사기〉와 〈삼국유사〉에 이와 비슷한 기록이 있어 사람들이 착각하고 있는 것이지요.

　설총은 650년대에 태어나 신문왕(재위 681~692) 때 학자로 활동했어요. 하지만 이두는 이미 590년대 신라의 기록물에 등장하지요. 그래서 설총이 이두를 만들었다는 게 잘못된 사실이라는 거예요. 대신 설총이 뛰어난 언어학자였다는 설을 바탕으로, 그동안 무분별하게 쓰이던 이두의 표기법을 정리했다는 주장이 힘을 얻고 있어요.

한문을 읽기 편하게 쓰는 법, 구결

　옛날 한문책은 띄어쓰기도, 마침표도 없이 쭉 쓰여 있었어요. 그래서 한문책을 처음 받아들면 어떻게 읽어야 할지 고민할 수밖에 없었지요. 그래서 나온 게 구결이에요. 구결이란 한문 사이에 '에, 이, 는, 을'과 같은 조사나 '하니라, 있거늘, 없거늘' 같은 종결어미를 따로 써 놓는 방식이에요.

　처음에는 구결을 한자로 적었지만 점차 한자를 줄여서 간단히 쓰기 시작했어요. '~고'를 '呑'로 쓰다가 '口'로 쓰고, '~다'를 '多'로 쓰다 '夕'로 고쳐 썼어요.

　구결 말고도 신라시대 때는 '훈점'이라는 것도 쓰였어요. 한자에 점을 찍는데, 그 위치에 따라 읽는 방법이 달랐지요.

▲ 훈점의 예

2

우리글이 생겼어

조선의 제4대 왕 세종은
혼자서 했다고는 믿을 수 없을 정도로 많은 업적을 남겼어.
북으로는 여진족을 몰아내고,
남으로는 왜구를 물리쳐서 안전한 나라를 만들었지.
혼란스러운 사회 제도를 정비해 억울한 사람이 없도록 했고,
겨우 7일에 불과하던 관비의 출산 휴가를 100일로 늘리는 등
노비의 처우를 개선해 주기도 했지.
또 장영실 같은 과학자를 후원해 해시계와 물시계,
측우기 같은 도구를 발명하게도 했어.
이런 세종대왕의 업적은 모두 백성을 사랑하는 마음에서 비롯된 거야.
그중에서도 가장 훌륭한 업적은 훈민정음의 창제야.
세종대왕 덕분에 우리는 비로소 우리글을 가지게 되었지.
세종대왕이 처음 훈민정음을 반포하였을 때,
많은 신하들이 왕을 돕기는커녕 반대하느라 바빴다고 해.
왜 그랬을까?

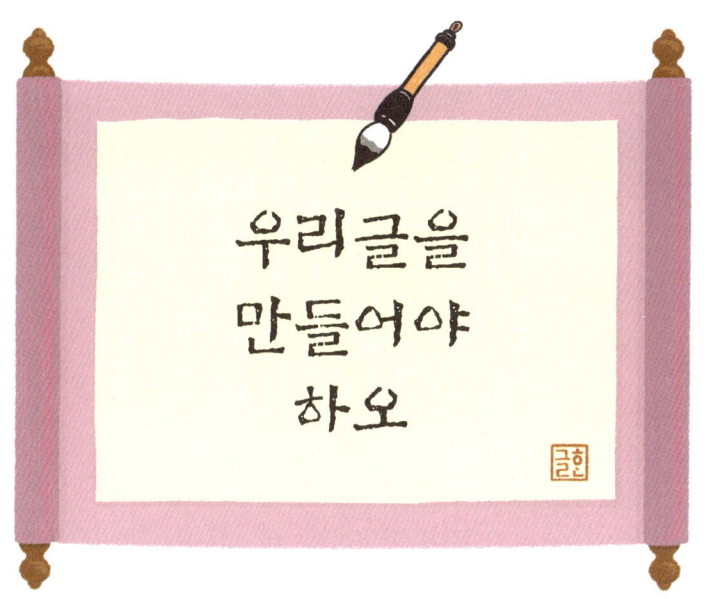

풍요와 수확의 계절 가을.

하늘은 그 어느 때보다 높고 푸르렀고, 땅에는 온갖 곡식들이 익어 가고 있었다. 이른 봄부터 지금까지 쉼 없이 땅을 일구었던 농민들에게 논을 가득 메운 벼는 뿌듯함 그 자체였다. 마을의 제일가는 일꾼 갑돌이에게 그 풍경은 더욱 특별했다.

올 초, 갑돌이는 그동안 머슴 생활을 하며 모은 돈으로 마을의 변 부자에게서 논 한 마지기를 샀다. 지금껏 변 부자를 위해 농사를 지었지만 자기가 그 쌀로 밥을 해 먹은 적은 한 번도 없었다. 올해만큼은 내 논에서 난 벼로 가족들에게 쌀밥을 먹이겠다는 마음이었다.

"일단 가장 좋은 벼만 골라서 도리깨로 쌀을 탈탈 털어 내자. 한 톨도 버리는 것 없이 모두 보자기에 싸야지. 집으로 가 부인에게 주면 가마솥에 기름이 자르르한 흰쌀밥을 지어 주겠지. 뜸이 들고 밥 냄새가 나면 큰놈과 작은놈이 코를 벌름거리며 가마솥 앞으로 모여들 거야. 허허, 녀석들. 그런 고소한 냄새는 처음 맡아 볼 게다.

그런데 반찬은 뭘로 하지? 햅쌀밥이니 소금만 쳐 먹어도 맛나겠지만, 그래도 맛있는 반찬이랑 먹으면 더 좋겠지. 좋아. 큰 맘 먹고 푸줏간에 가서 돼지고기 좀 사야겠어. 허허, 생각만 해도 군침이 도네."

흰쌀밥에 고기반찬을 올려 먹을 생각을 하며 갑돌이는 침을 꿀꺽 삼켰다. 갑돌이는 설레는 마음을 안고 논으로 날듯이 뛰어갔다.

논에 도착한 갑돌이의 눈에 이상한 광경이 펼쳐졌다. 낯선 사람들이 자신의 논에 있는 벼를 모두 베어 가고 있는 게 아닌가!

"이봐요! 지금 뭐 하는 겁니까!"

갑돌이가 소리를 치며 논으로 달려가는데, 얼굴에 욕심보가 덕지덕지 붙은 변 부자가 가로막으며 호통을 쳤다.

"네 이놈! 내 논에다 마음대로 벼를 심은 놈이 네놈이구나!"

갑돌이는 변 부자의 말을 이해할 수 없었다.

"어르신, 그게 무슨 말씀이십니까? 이 논은 제가 올 초에 어르신께 사지 않았습니까?"

그 말에 변 부자가 코뿔소처럼 콧김을 내뿜으며 길길이 날뛰었다.

"내가 언제 이 논을 팔았단 말이냐? 내가 만약 그랬다면, 이 논의 주인임을 증명하는 논문서를 너에게 주었을 텐데, 그건 어디 있느냐?"

"지금 보여 드리겠습니다!"

갑돌이가 옷 속을 뒤져 논문서를 꺼냈다. 혹시나 잃어버릴까 봐 한 번도 품에서 떼어 놓지 않았던 논문서였다.

변 부자는 갑돌이의 손에서 논문서를 빼앗듯이 낚아채서 펼쳐 보더니, 곧 코웃음을 쳤다.

"이게 어딜 봐서 논문서란 말이냐?"

"네?"

"어디 한 번 읽어 보아라."

변 부자에게서 논문서를 받아든 갑돌이의 표정이 당혹감으로 가득 찼다. 흰 건 종이고, 검은 게 한자라는 건 알았지만 읽을 줄은 몰랐기 때문이다.

"하긴, 읽을 턱이 있나. 그건 내가 예전에 한자 공부를 하느라 잠시 썼던 글이니라. 어디서 그걸 논문서라고 사기를 치려고 하느냐."

변 부자는 코를 팽 풀고는 돌아서 가 버렸다.

갑돌이는 그제야 자신이 욕심쟁이 변 부자에게 속았다는 걸 깨달았

다. 갑돌이가 한자를 모른다는 사실을 안 변 부자가 돈만 받아 챙기고 논문서를 주지 않은 것이다. 순간 갑돌이는 맑디맑은 푸른 하늘이 노랗게 변하는 걸 느끼며 그 자리에 털썩 주저앉았다.

"쌀을 다 빼앗기다니! 이제 우리 애들은 어쩌나? 곧 겨울이 올 텐데 뭘 먹고 사나? 아이고, 아이고!"

• • •

"어찌 이런 일이 있을 수 있단 말인가!"

세종은 신하들을 바라보며 한탄했다. 세종의 손에는 갑돌이의 사연이 들려 있었다. 너무도 억울했던 갑돌이가 몇 날 며칠을 걸어 한양으로 올라와 신문고를 두드려 자신의 일을 고한 것이다.

세종은 굶고 있을 가족을 걱정하며 눈물 흘리는 갑돌이에게 쌀과 고기를 내렸다. 포도청에는 갑돌이의 사건을 수사하라 명했고, 죄가 드러나면 변 부자를 옥에 가두라는 지시도 내렸다.

그럼에도 세종은 여전히 답답했다. 이런 억울한 일이 갑돌이 한 명만의 일이 아니었기 때문이다.

"지금 전국 각지에 억울함을 호소하는 백성들이 넘쳐 나고 있소. 너무 배가 고파 장터에서 떡 한 덩이를 훔쳤다 잡힌 어떤 백성은 백 대나 되는 곤장을 맞고 아직도 제대로 걷지 못한다고 하오. 왜 그런 줄 아시오? 법을 집행하는 하급 관리들이 한자를 몰라 법전을 읽지 못하기 때문이오. 사정이 이러하니 자기 내키는 대로 법을 집행하는 것이오.

아들이 아버지를 때린 끔찍한 일도 있었소. 더 큰 문제는 그 아들을 붙잡아서 물어보니, 자신이 무엇을 잘못했는지 알지 못한다는 것이오. 사람이 반드시 지켜야 할 도리인 삼강오륜을 책으로 써 놓으면 뭐하겠소. 읽히지 못한다면 뒷간 갈 때 쓰는 종이와 다를 바가 없지 않소."

　세종의 이야기를 듣던 신하들의 얼굴이 굳었다. 임금의 입에서 곧 무슨 이야기가 나올지 알고 있었기 때문이다. 신하들은 임금의 입을 바라보며 그 이야기만은 꺼내지 않기를 바랐다.

　세종은 신하들을 한 번 둘러본 뒤 다시 입을 열었다.

　"아무리 생각해도 안 되겠소. 백성들도 알 수 있는 우리글을 만들어야겠소."

　동시에 신하들이 무릎을 꿇고 외쳤다.

　"아니 되옵니다, 전하. 통촉하여 주시옵소서!"

　세종은 그럴 줄 알았다는 듯 한숨을 내쉬었다. 신하들은 누가 목소리가 더 큰지 경쟁이라도 하듯 "통촉하여 주시옵소서!"를 외쳐 댔다.

　새로운 글을 만들자는 세종을 신하들이 반대하는 이유는 두 가지였다.

　첫 번째는 명나라 때문이었다.

　당시 조선은 강대국 명나라와 사대 관계에 있어 늘 명나라의 눈치를 봐야만 했다. 명나라의 사신이 오면 조선의 왕이 직접 나가 머리를 조아리고 맞이할 정도였다.

명나라는 조선을 말을 잘 듣는 부하로 만들기 위해 여러 방법을 썼다. 그중의 하나가 한자로 트집을 잡는 것이었다. 조선에서 명나라로 보내는 문서는 모두 한자로 작성되었는데, 간혹 잘못 쓴 경우가 있었다. 그럴 때마다 명나라는 조선에 사신을 보내 트집을 잡았다.

"너희 조선이 우리 명나라를 무시하는 것이냐? 그게 아니고서야 황제께 바치는 문서에 어찌 실수를 할 수 있단 말이냐!"

조선인이 아무리 한자에 능통하다 할지라도 한자가 모국어인 자신들을 따라올 수 없다는 사실을 교묘히 악용한 것이었다. 그렇게 트집을 잡고 공물을 받아 챙기는 건 예삿일이었고, 심할 경우에는 문서를 작성한 신하를 잡아 명나라로 끌고 가기도 했다.

명나라의 횡포가 더할수록 조선의 양반들은 한자 공부에 더욱 매달렸다. 그러면서 자신도 모르는 사이에 한자가 세상에서 가장 위대한 글자라고 스스로를 세뇌하였다. 상황이 이쯤 되니 한자 말고 다른 글자를 만든다는 건 쓸데없는 일로 여겨졌다.

두 번째 이유는 한자가 어려워서였다.

한자는 어려워서 오랜 시간 공부해야 한다. 그래서 한자로 쓰인 글을 이해하는 사람은 양반 말고는 거의 없었다. 관청에서 업무를 보는 하급 관리들조차도 한자를 정확히 알지 못했다. 우리말의 표현 방식으로 한자를 쓰는 이두가 있었지만, 이 역시 어느 정도 한자를 알지 못하면 사용하기 힘들었다.

이렇다 보니 일반 백성들이 한자를 읽는다는 건 꿈만 같은 일이었다. 그래서 변 부자처럼 한자를 아는 양반들은 백성들을 마음대로 다룰 수 있었다. 한자를 읽을 줄 아는 것이 힘이었던 것이다.

　신하들은 이런 두 가지 이유 때문에 우리글을 만들자는 세종의 생각이 불만이었다.

　"전하께서는 왜 자꾸 그런 이상한 말씀을 하시는지, 원."

　"분명 훌륭한 임금이신데, 왜 이 이야기만 나오면 그리 답답해지실까……."

　신하들은 둘만 모이면 수군거렸다.

　세종 역시 신하들이 자신에 대해 어떻게 이야기하는지 잘 알고 있었다. 그럴 때마다 세종의 가슴은 답답함으로 가득 찼다.

　"어찌 이리 생각들이 짧은 것인가……."

　세종은 일부 계층만 잘 사는 나라는 얼마 가지 못해 무너진다는 사실을 잘 알고 있었다. 세종은 모든 백성들이 잘 살 수 있는 나라를 원했고, 그러기 위해서는 그들이 공부를 해서 세상 만물의 진리를 깨달아야 한다고 믿었다.

　세종은 삼강오륜과 같이 백성들이 꼭 알아야 할 것들을 그림으로 그려 누구나 쉽게 알 수 있게 했으며, 법을 몰라 피해를 입는 일이 없도록 한자로 되어 있는 법전을 이두로 고치기도 했다. 그러나 그림을 그려 전달하기에는 세상의 진리가 너무 많았고, 이두 역시 한자의 음과 뜻을 모르면 소용없는 일이었다.

　'명나라의 지배에서 벗어나기 위해서라도…….'

　사실 한자가 있는 입장에서 나라의 글자를 새로 만든다는 것은 세종에게도 부담이었다. 명나라에서 그 사실을 안다면 어떤 꼬투리를 잡고

 세종을 괴롭힐지 모를 일이었다. 하지만, 아니 오히려 그렇기 때문에 나라의 글자를 만드는 일은 꼭 필요했다. 나라의 글을 만들고, 그 글로 나라의 정신을 표현할 수 있을 때 비로소 중국의 지배에서 벗어날 수 있다고 세종은 믿었다.

 세종이 자식들을 불렀다. 훗날 세종의 뒤를 이어 문종이 될 세자와 수양대군, 안평대군, 그리고 결혼해 궁을 나가 살던 정의공주까지 모두 한곳에 모였다.

 "내 갑자기 너희를 부른 것은 비밀스럽게 할 이야기가 있어서다. 지금까지 신하들에게 조선의 글을 만들자고 몇 차례 이야기하였건만, 그들은 자신들의 이익 때문에 늘 내 의견에 반대하였다.

"너희가 날 좀 도와다오. 임금으로서의 명이 아니라 아비를 돕는다고 생각해 다오."

세종의 말에 자식들은 한마음 한뜻으로 답했다.

"걱정 마십시오, 아바마마. 저희 모두 아바마마의 뜻을 잘 알고 있사옵니다. 이제부터 아바마마의 일을 제 일이라 생각하고 노력하겠나이다."

세종은 천군만마를 얻은 듯 뿌듯한 마음으로 자식들을 바라보았다. 우리글 창제의 첫 시작이 열리는 순간이었다.

그로부터 얼마 지나지 않아 집현전은 세종이 새롭게 뽑은 젊은 학자들의 활기로 가득 찼다.

"글자의 모양을 입 모양에서 따서 만드는 건 어떨까?"

"조화를 이루기 위해선 음양오행의 법칙을 글자에 자연스럽게 녹일 필요가 있어."

"한자의 가장 큰 단점은 한 뜻에 한 글자씩이어서, 글자가 많을 수밖에 없다는 거야. 뜻글자가 아닌 소리글자를 만드는 게 좋을 것 같아."

집현전의 젊은 학자들은 나이 든 신하들처럼 한자에 사로잡혀 있지 않았다. 오히려 세종의 의견에 찬성하는 쪽이었다. 그래서 새 글자를 만드는 일에 거부감을 갖고 있지 않았다. 세종은 그런 집현전의 젊은 학자들에게 온갖 지원을 아끼지 않았다.

세종은 틈만 나면 집현전을 찾았다. 젊은 학자들과 토론을 벌이며

우리글을 만들기 위한 노력을 게을리 하지 않았다. 임금의 그런 열정적인 모습에 집현전 학자들은 감동을 받았다.

'전하께서 이렇게 열심이신데, 우리 역시 노력해야지.'

집현전은 그렇게 밤에도 불이 꺼지지 않는 곳이 되었다.

그런 모습을 마음에 들어 하지 않는 신하들도 많았다. 그러나 세종은 그 어떤 반대에도 흔들리지 않았다.

세종 25년 1443년 음력 12월, 드디어 28자로 이루어진 훈민정음이 탄생했다. 우리나라의 정신을 담을 수 있는 우리의 글이 세상에 태어난 순간이었다.

● ● ●

갑돌이가 하늘을 올려다보았다. 다시 찾아온 가을 하늘은 여전히 높았다. 부엌에서 햅쌀밥의 고소한 냄새와 기름 자르르한 돼지고기 냄새가 풍겨 왔다. 아이들은 코를 벌름대며 발가락을 꼬무락거렸다. 당장 부엌으로 달려가 설익은 밥이라도 퍼먹고 싶은 모양이었다. 갑돌이는 짐짓 엄한 얼굴로 말했다.

"앞에 놓인 책 다 읽기 전에는 밥 없다!"

아이들은 얼른 책을 들고 소리 내어 읽기 시작했다. 훈민정음으로 쓰인 책이었다.

갑돌이는 책을 읽는 아이들을 흐뭇하게 바라보다 평상에 벌렁 드러누웠다.

'복 받은 줄 알아라. 우리 같은 농사꾼이 책을 읽다니 얼마나 놀라운 일이냐.'

갑돌이는 훈민정음으로 작성한 논문서를 매만지며 세종대왕께 감사하고 또 감사드렸다.

5월 15일 스승의 날은 세종대왕의 생일이다?

세종대왕이 훈민정음을 창제함으로써, 우리는 한글을 통해 다양한 지식을 쌓을 수 있게 되었지요. 그러니 넓게 보면 우리 민족의 가장 큰 스승은 세종대왕이라 할 수 있어요. 그래서 정부에서는 이를 기념하기 위해 세종대왕의 생일인 5월 15일을 스승의 날로 지정했다고 해요.

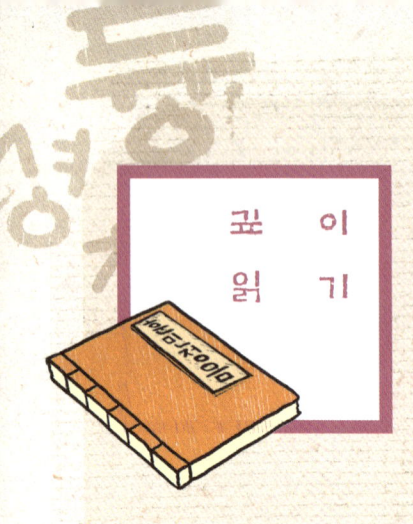

깊이 읽기

한글은 어떻게 만들어졌을까?

한글의 원래 이름은 '훈민정음'이에요. '백성을 가르치는 바른 소리'라는 뜻이죠.

세종은 말과 글이 한 몸이라는 사실을 알고 있었어요. 그래서 말에서 비롯된 글자를 만들면 백성들이 더욱 쉽게 글을 배울 수 있을 거라고 생각했어요. 그 결과가 훈민정음이에요. 우리가 소리를 낼 때 쓰는 입과 목, 혀, 이의 모양에서 글자를 만들어 낸 것이지요.

한자처럼 한 글자가 하나의 뜻을 담고 있는 글자를 '뜻글자'라고 해요. 반면 한글은 모든 소리를 자유롭게 적을 수 있는 '소리글자'예요. 영어의 알파벳과 일본의 가나 문자도 소리글자에 속하죠. 그러나 한글은 한 소리에 한 글자인 가나와는 달리 자음과 모음이 따로 있어요. 24자의 기본 자음과 모음이 여러 가지로 조합되면서 무수한 소리를 낼 수 있지요.

ㄱㄴㄷㄹㅁㅂㅅㅇㅈㅊㅋㅌㅍㅎ (14자)

ㅏㅑㅓㅕㅗㅛㅜㅠㅡㅣ (10자)

세종이 1443년에 훈민정음을 처음 만들었을 때는 자음과 모음이 28자였다고 해요.

ㄱㅋㆁㄷㅌㄴㅂㅍㅁㅈㅊㅅㆆㅎㅇㄹㅿ (17자)
ㆍㅡㅣㅗㅏㅜㅓㅛㅑㅠㅕ (11자)

이중 'ㆁ, ㆆ, ㅿ, ㆍ' 네 글자가 없어지고 지금은 스물네 자가 되었지요. 자음은 'ㄱ, ㄴ, ㅁ, ㅅ, ㅇ' 다섯 글자를 기본으로 하고, 획을 더해 'ㅋ, ㄷ, ㅌ, ㅂ, ㅍ, ㅈ, ㅊ, ㅎ'을 만들었어요.

	기본글자	획을 더하여 만든 글자	모양이 다른 글자
어금닛소리	ㄱ	ㅋ	ㄹ (반혓소리)
혓소리	ㄴ	ㄷ ㅌ	
입술소리	ㅁ	ㅂ ㅍ	
잇소리	ㅅ	ㅈ ㅊ	
목구멍소리	ㅇ	ㅎ	

'ㄱ, ㄴ, ㅁ, ㅅ, ㅇ'은 혀나 목구멍 같은 발음 기관에서 소리가 날 때 그 모양을 본뜬 상형문자예요.

대표음	ㄱ	ㄴ	ㅁ	ㅅ	ㅇ
분류	어금닛소리	혓소리	입술소리	잇소리	목소리
모양	혀뿌리가 목구멍을 막는 모양	혀끝이 윗잇몸에 닿는 모양	입 모양	이의 모양	목구멍의 모양
발음기관					

훈민정음 창제에는 더 큰 의미가 숨어 있어요.

당시 사람들은 세상이 음양(어둠과 밝음)과 오행(물, 쇠, 땅, 불, 나무)의 법칙에 따라 이루어져 있다고 믿었어요. 한글 역시 음양오행의 조화에 맞춰 만들어졌지요. 그래서 오행의 체계에 따라 자음을 다섯 가지의 기본 음(ㄱ, ㄴ, ㅁ, ㅅ, ㅇ)과 각 기본 음에서 파생한 계열음으로 구분해 만든 것이에요. 모음은 천지인(天地人: 하늘, 땅, 사람)을 상징하는 'ㆍ, ㅡ, ㅣ'를 기본으로 하여, 여러 방법으로 합하고 겹쳐서 다양한 소리를 내게 하였지요.

　위의 그림은 기본 자음과 모음을 바탕으로 한글이 점점 획을 더해 가는 모습이에요. 이처럼 한글은 과학적이고 체계적인 원리에 의해 만들어졌어요. 한글은 단순한 말의 표기로서의 글자가 아니라, 민족 고유의 정신을 담아 낸 위대한 글자랍니다.

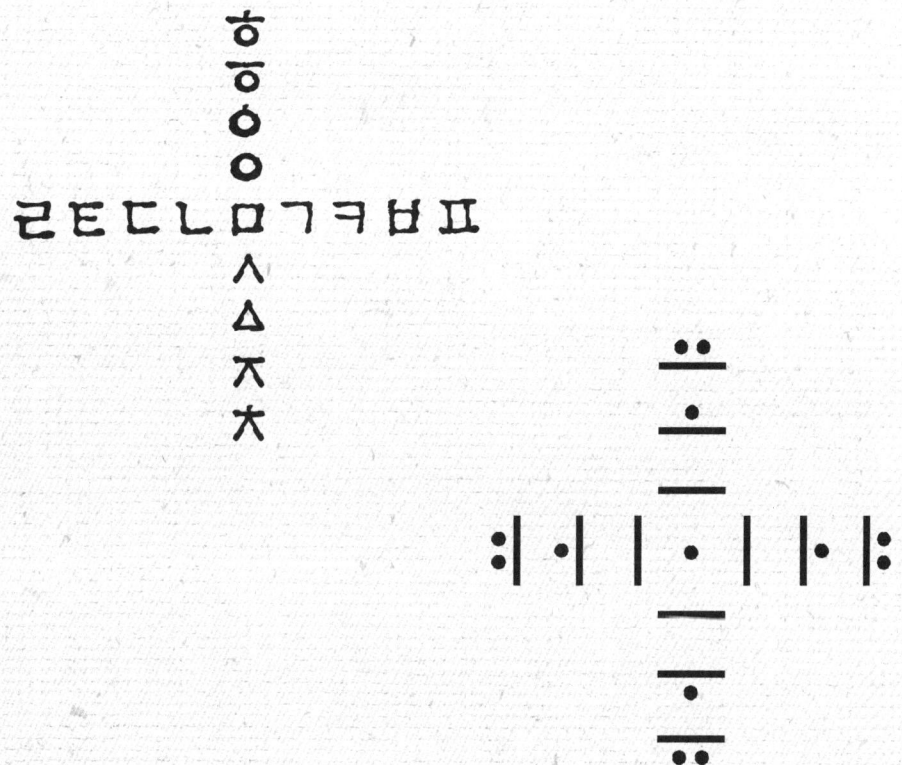

▲ 출처: 디지털 한글 박물관

나랏말싸미 듕귁에 달아 문자와로 서르 사맛디 아니할세

이런 전차로 어린 백성이 니르고져 홀 베이셔도

마참내 제 뜨들 시러펴디 몯할 노미하니라

내 이랄 윙하여 어엿비녀겨 새로 스믈 여듧 짜랑 맹가노니

사람마다 해여 수비니겨 날로 쑤메 뻔한킈 하고져 할따라미니라.

위의 글은 훈민정음 서문의 내용이야.

그런데 무슨 뜻인지 잘 모르겠지?

오늘날의 한글로 고쳐 쓰면 다음과 같아.

우리나라 말이 중국 말과 달라서 한자와는 그 뜻이 서로 통하지

아니하므로 제대로 나타낼 수가 없다. 따라서 백성들이 말하고자 하는

것이 있어도 자기의 뜻을 글로 써서 나타내지 못하는 이가 많으니라.

내가 이를 딱하게 여겨 새로 스물여덟 글자를 만들어 내놓으니,

모든 사람들이 이것을 쉽게 익혀서 날마다 쓰는 데

불편이 없도록 하고자 할 따름이니라.

이처럼 세종은 백성들이 편히 쓸 글을 만들고 싶었던 거야.

그런데 훈민정음의 반포를 반대한 사람이 있었어.

집현전의 최고 책임자인 부제학 최만리였지.

최만리는 왜 훈민정음의 반포를 반대했을까?

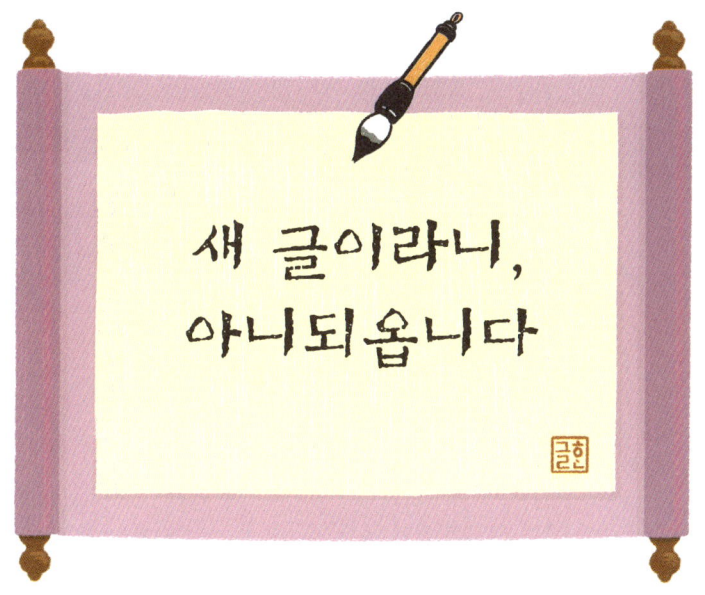

훈민정음 창제를 반대했던 신하들은 그 글자가 실제로 쓰일 거라고 생각하지 않았다. 그건 그들의 믿음 때문이었다. 세상에 중국보다 훌륭한 나라는 없고, 중국이 만든 한자보다 훌륭한 문자는 없다는 믿음에서였다.

그러니 단 한 명, 훈민정음 때문에 불안에 떠는 사람이 있었다.

집현전의 수장인 부제학 최만리. 그는 오늘도 훈민정음을 어떻게 해야 할지 고민하고 또 고민했다. 세종의 총애를 받아 집현전의 책임자가 된 최만리는 언어에 뛰어난 재능이 있었다. 중국의 옛 글자나 거란, 여진 같은 오랑캐들의 글자, 일본의 글자와 이두까지 폭넓은 지식을 지니고 있었다. 그런 최만리에게도 훈민정음은 처음 접하는 새로운 문자였다.

　훈민정음은 그 어떤 문자보다 배우기가 쉬웠다. 문자를 배워 본 적 없는 사람이라도 삼 일이면 배울 수 있을 정도였다. 게다가 세상의 모든 소리를 담을 수 있는 문자였다. 부제학 정인지는 한글이 '바람소리, 학의 울음소리, 닭 우는 소리, 개 짖는 소리도 능히 적을 수 있는 문자'라고 하지 않던가.

　'정인지의 말이 맞아. 이 문자로는 기록하지 못할 게 없어. 그런 면에서는 한자보다 나아.'

　순간 최만리는 한글이 한자보다 낫다고 인정하는 자신의 모습에 소스라치게 놀랐다. 최만리는 고개를 세차게 저었다. 그럴 수는 없었다. 자신이 그래서는 안 되었다.

최만리는 집현전을 둘러보았다. 과거에 급제해 집현전에 들어온 이후 20년이 넘는 세월을 이곳에서 일했다. 잠시 강원도 관찰사로 간 적이 있지만, 그 이듬해 다시 돌아왔다. 집현전과 함께한 오랜 시간만큼이나 집현전에 대한 애정은 상상할 수 없을 정도로 컸다.

지금의 집현전은 최만리가 아는 집현전이 아니었다. 세종이 정인지 이하 집현전의 젊은 학자들을 데리고 훈민정음을 만드는 동안, 최만리는 그 모습을 지켜볼 수밖에 없었다.

사실 최만리는 훈민정음 창제를 반대하고 싶었다. 하지만 신하된 도리로 임금이 하고자 하는 일을 함부로 막을 수는 없었다. 그렇다고 선뜻 나서 도울 수도 없었다.

'어느새 이렇게 되어 버렸군.'

최만리는 집현전에 있는 자신이 왠지 낯설게 느껴졌다. 답답한 마음에 바람이라도 쐴까 싶어 걸음을 옮겼다. 그때 젊은 집현전 학자들이 바쁘게 움직이는 것이 보였다.

"이보게, 지금 손에 들고 있는 책이 〈운회〉 아닌가?"

"그렇습니다, 영감."

"갑자기 〈운회〉는 무슨 일로 가지고 온 건가?"

"어명이 있으셨습니다."

"어명이라니? 자세히 말해 보게나."

최만리가 고개를 갸우뚱하며 물었다.

"전하께옵서 〈운회〉를 훈민정음으로 번역하라 하셨습니다."

최만리는 그 말을 듣자마자 밖으로 뛰쳐나왔다. 이대로 있을 수만은 없었다. 임금에게 바른 말을 할 세력을 모아야 했다. 그는 신하들이 모인 곳으로 향했다.

〈운회〉가 어떤 책이기에 최만리가 그렇게 놀랐을까?

〈운회〉란 한자의 음을 읽는 방법이 적힌 책으로, 일종의 한자 사전이다. 옛날에는 한자의 음을 표시하기 위해 반절(半切)이란 방법을 사용했는데, 이는 두 개의 한자를 써서 한자 하나의 음을 나타내는 방식이다. 예를 들면 '東'자의 음을 설명할 때 반절로 '德洪'이라고 쓴다. 앞 글자 德(덕)의 초성 'ㄷ'과, 뒷글자 洪(홍)의 중성 'ㅗ'와 종성 'ㅇ'을 합쳐 '동'이라 읽는 식이다.

이렇다 보니 〈운회〉를 보고 음을 아는 것은 매우 번거로운 일이었다. 게다가 반절로 쓰인 한자의 음을 알지 못하면 아무리 〈운회〉를 본다한들 말짱 도루묵이었다. 세종의 목적은 그 음을 모두 한글로 고쳐 한자의 음을 쉽게 알 수 있도록 하려는 것이었으므로, 그 자체로는 아무

문제될 게 없었다. 하지만 최만리의 눈에는 그것이야말로 커다란 함정이었다.

"이제 〈운회〉를 읽으려면 한글을 먼저 알아야 하는 겁니다. 결국 우리 사대부들도 훈민정음을 익힐 수밖에 없게 됩니다!"

최만리의 열변에 여러 사대부들이 굳은 얼굴로 고개를 끄덕였다.

"어찌 사대부의 집안에서 중국의 글이 아닌 다른 글을 배울 수 있겠습니까? 그건 오랑캐와 같은 짓입니다."

최만리는 조선의 지배 계층인 사대부였다. 사대부는 유교, 특히 성리학을 생활의 기본으로 삼았는데, 그 밑바탕에는 중국을 세상의 중심으로 삼는 '중화사상'이 깔려 있었다. 따라서 최만리에게 옳은 일이란 조선이 중국과 같아지는 것이었다. 그런 조선이 중국의 글자를 버리고 훈민정음을 쓰는 것은 하늘과 땅이 뒤집히는 것이나 마찬가지였다.

그때 한 사대부가 심드렁한 표정으로 말을 꺼냈다.

"그런데 꼭 이렇게까지 해야 하는가? 전하께서 훈민정음을 아무리 귀하게 여기실지라도, 어차피 세상의 이치가 담긴 한자를 이기진 못할 게 아닌가? 전하의 심기를 불편하게 했다가 괜히 불똥이라도 튀면 어쩔 셈인가?"

그 말에 고개를 끄덕이는 이들도 있었다. 최만리는 슬며시 화가 치밀어 올랐다.

'훈민정음의 우수성도 모르면서 어찌 저리 태평히 말할 수 있단 말인가.'

그러나 여기서 화를 낼 수는 없었다. 일단 자신의 의견에 찬성하는 사람을 한 명이라도 더 모아야 했기 때문이다.

"그럼 제가 대표로 상소를 쓰겠습니다. 그리하면 불똥이 튀더라도 제게만 튈 것입니다."

최만리의 상소를 받아든 세종은 마음이 복잡했다. 최만리의 성격상 분명 반발할 것이라 예상했다. 그럼에도 그토록 아꼈던 신하가 자신의 마음을 알아주지 못함에 대한 서운한 마음만은 어쩔 수 없었.

신이 엎드려 보건대 언문을 제작하신 것이 지극히 신묘하와 만물을 창조하시고 지혜를 운전하심이 천고에 뛰어나시오나……

최만리의 상소는 훈민정음의 우수함을 칭찬하는 말로 시작하고 있었다. 세종의 기분을 최대한 상하지 않게 하려는 의도도 있었지만, 그 역시 훈민정음의 훌륭함을 잘 알고 있었기 때문이다. 그럼에도 최만리는 여섯 가지 이유를 들어 훈민정음의 반포를 반대했다.

첫째, 중국을 받들고 섬기는 조선이 한자와는 다른 글자를 만드는 것은 중국에 대해 부끄러운 일이다.

둘째, 한자와 다른 글자를 만들어 쓰는 국가는 모두 오랑캐다. 우리가 새로운 글자를 만드는 것은 스스로 오랑캐가 되려는 것과 같다.

셋째, 훈민정음은 이두보다 훨씬 쉽다. 그래서 훈민정음만 쓰다 보면 결국 한자를 쓰지 않아 중국의 높은 학문을 받아들이지 못하게 되어, 우리의 문화 수준을 떨어트릴 것이다.

넷째, 한문이 어려워 백성들이 재판에서 억울한 일을 당한다고 하지만, 이는 중국에서도 흔한 일이다. 관리들을 교육시키면 되는 일이지, 새 글자를 만들 필요는 없다.

다섯째, 새로운 글자를 만드는 일은 사회 전반을 바꾸는 일인 만큼 온 백성과 중국의 의견을 들어 신중히 바꿔야 하는데, 지금은 몇몇 사람으로만 너무 쉽게 처리하고 있다. 임금은 몸이 상할 정도로 정성을 쏟고 있어 걱정이 된다.

여섯째, 장차 국가를 이끌 공부에 전념해야 할 동궁이 글자 만들기에 힘을 쏟는 것은 옳지 못하다.

상소를 모두 읽은 세종은 화가 울컥 치밀었다.

"한 나라의 선비로서 어찌 이리 옹졸한 마음을 지닌단 말인가!"

말은 그리했지만 세종은 그가 옹졸한 것이 아니라, 너무도 강직한 선비이기에 이런 상소를 올렸다는 걸 잘 알고 있었다. 실제로 최만리는 한 번도 쓰기 힘들다는 상소를 무려 열네 번이나 썼다.

그러나 세종은 상소를 받아들일 수는 없었다. 만약 그렇게 한다면 수많은 사대부들이 들고 일어나 훈민정음을 없애라고 할 것이 분명했다.

결단을 내린 세종이 친히 최만리를 불렀다.

"너희는 이두를 만든 것은 옳은 일이라고 하면서, 어찌하여 내가 새로운 글자를 만든 것에 대해서는 반대를 하느냐? 너희가 운서를 아느냐? 또 너희가 사성칠음과 그 안에 자모가 몇이나 있는지 아느냐? 만일 내가 그 운서를 바로잡지 않는다면 누가 이를 바로잡을 것이더냐!"

세종은 자신이 중국의 언어에도 정통하다는 사실을 이야기하며, 자신의 진심을 알아주지 않는 최만리를 꾸짖었다.

최만리는 조목조목 따져 볼 수도 있었지만 임금 앞에서 아무 말도 하지 않았다. 그것이 올바르다 할지라도 신하가 임금에게 반박할 수는 없었다.

그날 최만리는 임금의 의견을 거슬렀다 하여 옥에 갇혔다. 다행히 다음 날 풀려났지만, 그는 더 이상 세종을 모실 수 없다는 사실을 잘 알고 있었다. 결국 최만리는 관직을 놓고 고향으로 내려갔다.

이듬해인 1445년, 최만리가 고향에서 숨을 거두었다는 슬픈 소식이 세종에게 전해졌다. 세종은 그가 낙향한 뒤에도 집현전, 그의 자리를 계속 비워 두었다. 그를 다시 불러들여 곁에 두고 싶어 하는 마음 때문이었다.

'그런데 이렇게 빨리 내 곁을

떠나다니……'

세종은 가슴으로 눈물을 흘렸다.

많은 사람들은 최만리를 훈민정음 창제를 반대한 못된 신하로 기억한다. 하지만 그는 자신의 자리에서 꿋꿋하게 조선을 아끼고 사랑한 진정한 관리였다.

최만리는 청백리였다?

청백리란 청렴결백하고 능력이 뛰어난 벼슬아치에게 주어졌던 명예로운 호칭이에요. 조선 500년 동안 청백리는 217명밖에 나오지 않았다는 걸 보면 정말 대단한 명예이지요. 그런데 훈민정음 창제를 반대하던 최만리도 청백리였다고 해요. 최만리 역시 나라를 사랑하는 마음이 지극했다는 걸 알 수 있겠죠?

훈민정음으로 쓴 책들

세종은 훈민정음을 만든 것에 만족하지 않고, 훈민정음으로 된 책들도 여럿 만들었어요. 그중 첫 책이 1445년에 간행된 〈용비어천가(龍飛御天歌)〉예요.

〈용비어천가〉는 '노래 가(歌)'라는 이름에서 보듯 노래예요. 조선이라는 나라가 탄생하게 된 과정과 태조 이성계가 조선을 세운 것이 하늘의 뜻이었음을 밝히고 있는 '조선 찬가'지요.

세종이 조선의 탄생에 대한 노래를 한글로 지은 것에는 두 가지 이유가 있어요. 먼저 자신이 얼마나 한글을 아끼고 있는가를 보여 준 것이며, 그럼으로써 훈민정음이 조선의 글자라는 사실을 명확히 한 거예요. 또한 〈용비어천가〉를 백성들이 쉽게 접하게 함으로써 조선에 대한 애국심을 키우려 했던 것이지요.

세종은 자식들에게도 훈민정음으로 된 책을 만들게 했어요. 자신이 세상을 떠난 후에도 왕실에서 계속 훈민정음을 쓴다면, 결국 나라 전체에 훈민정음이 퍼질 것이라고 믿었기 때문이에요.

1446년, 세종의 부인인 소헌왕후가 세상을 떠났어요. 세종은 부인의 명복을 빌기 위해 아들인 수양대군에게 부처의 일대기를 담은 책을 훈민정음으로 만들게 했어요. 수양대군은 아버지의 명을 받들어 1447년에 〈석보상절〉을 완성하지요. 〈석보상절〉은 당시의 유일한 산문 문학으로서 지금까지도 그 가치가 남달라요. 또 세종은 〈석보상절〉을 읽고 석가의 공덕을 찬양하는 〈월인천강지곡〉이라는 노래를 훈민정음으로 지었다고 해요.

당시 조선은 유교를 숭상하고 불교를 억누르는 숭유억불 정책을 펼치고 있었어요. 그런데 왜 세종은 부처를 찬양하는 책을 훈민정음으로 펴냈던 것일까요?

그건 세종의 가족이 불교를 믿었기 때문이에요. 어머니 원경왕후가 불교를 믿었고, 작은 형인 효령대군 역시 불교를 아꼈어요. 세종도 당연히 그 영향을 받았지요.

조선 초만 하더라도 사회 지배층인 사대부는 유교를 숭상했지만, 일반 백성들은 불교를 믿었어요. 그래서 백성들이 좀 더 친숙하게 훈민정음을 배우게 하기 위해 불교 경전을 번역한 것이지요.

수양대군은 세종의 노력에 감명을 깊이 받았어요. 그래서 임금이 되고 난 후 한자로 된 책을 훈민정음으로 번역하는 일에 많은 노력을 기울였어요. 이러한 노력 덕분에 훈민정음은 조선에 뿌리를 내릴 수 있게 되었지요.

▲ 석보상절

3

우리글에 반했어

언문을 없애라

한글로 교서를 내리다

구름처럼 세책방에 몰리다

세종대왕께서 훈민정음을 세상에 널리 알리기 시작하자,
백성들은 드디어 자신의 생각을 표현할 수 있는 글을 가지게 되었어.
그건 정말 놀라운 일이었지.
물론 자신만의 생각에 빠진 양반들은
훈민정음을 천한 글자라고 여전히 비하하기 바빴어.
아이들이나 배우는 글이라는 뜻에서 '아햇글',
여자나 배우는 글이라 해서 '암글', 중이나 배우는 글이라고 '중글',
상놈의 글자라는 뜻의 '언문'.
이 말들이 모두 훈민정음을 비하하며 속되게 부르던 이름이었지.
그럼에도 훈민정음은 빠르게 퍼져 나갔어.
백성들은 자신의 생각을 글로 담기 시작했고,
그 글을 읽고 내용에 동감하는 사람들이 힘을 모았어.
닫혀 있던 조선 사회에 서서히 변화의 바람이 불기 시작한 거야.
백성들이 하나로 힘을 모으는 것이야말로
사회 지배층이 가장 두려워하던 일이었어.
하지만 한번 돌기 시작한 수레바퀴는 멈출 줄을 몰랐어.
그리고 그 중심에는 한글이 있었지. 사회 지배층은 한글을 없애려 하기도 했어.
과연 어떻게 되었을까?

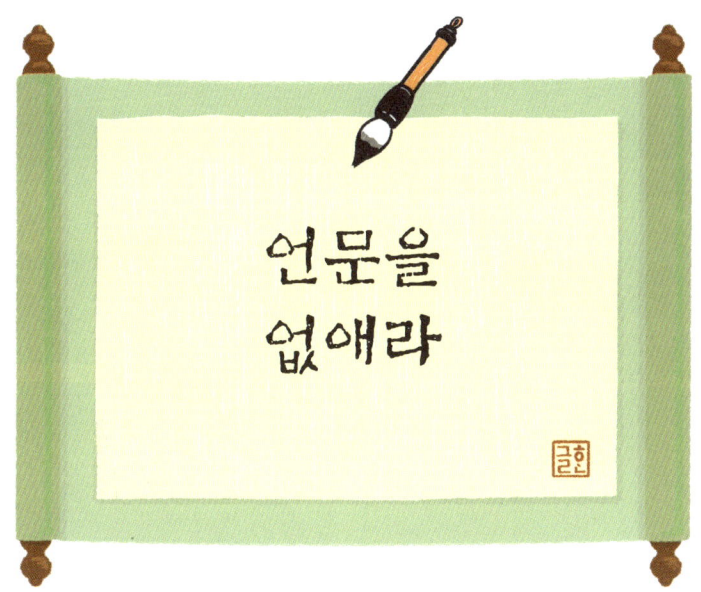

세종 31년, 1449년 10월의 어느 날.
한양의 어느 담벼락 앞에 모인 사람들이 낄낄거리며 농담을 주고받았다.
"누군지 몰라도 되게 답답했나 보네."
"거참, 틀린 말은 아닌데 왜 이리 웃긴지 몰라."
그때 종사관이 포졸들을 이끌고 달려왔다.
"비켜서시오! 다들 비켜서시오!"
종사관이 모여든 사람들을 쫓아내자 담벼락의 글이 드러났다.
그것을 본 포졸이 픔 웃음을 터뜨렸다. 그러나 곧 종사관의 치켜뜬 도끼눈을 보고 입을 다물었다.

"어서 가서 벽을 가릴 만한 천을 구해 와라! 벽에 새 회칠을 할 미장이도 데려 오고!"

"예!"

종사관의 명령이 떨어지자 포졸들이 신속하게 움직였다. 홀로 남은 종사관은 담벼락을 보며 한숨을 내쉬었다.

"도대체 누가 이런 짓을……."

담벼락에 쓰인 글은 이러했다.

> 하 정승아, 또 공사를 망령되게 하지 말라!

'하 정승'이란 정승 하연을 말한다. 일흔 중반의 나이를 넘긴 하연은 기력이 쇠해 실수와 착오가 잦았다. 누군가 그걸 참지 못하고 항의의 글을 벽에 쓴 것이다. 놀라운 것은 한글이 만들어진 지 6년, 백성에게 반포된 지 겨우 3년째 되는 해에 누군가 자신의 의견을 한글로 썼다는 점이다. 게다가 그것을 보고 웃고 떠들던 이들은 다름 아닌 평범한 백성들이었다. 이제 백성들은 한글을 읽고 쓸 수 있었다.

읽고 쓸 수 있게 된 백성들에겐 힘이 생겼다. '언로(言路)', 즉 '말이 내는 길'을 통해 자신의 생각을 세상에 퍼트릴 수 있게 된 것이다. 하지만 때로는 그 힘이 백성들에게 고통으로 다가오기도 했다.

조선의 9대 왕 성종 16년, 1485년의 일이다.

"이게 대체 뭐하자는 거야!"

해가 내리쬐는 시장 광장에 성난 상인들이 모여 분통을 터뜨리고 있었다. 그들이 더위도 잊고 이렇게 화를 내는 이유는 갑작스런 시장 이전 때문이었다.

"갑자기 시장을 옮기라니! 이거 어디 살라는 거야, 말라는 거야!"

"이게 다 윤필상 그놈 때문이야."

상인들은 시장 이전이 영의정 윤필상 때문이라고 생각했다. 윤필상이 시장을 옮기면서 장사를 할 수 있는 영업권을 팔아 돈을 챙기려 한다는 소문이 시장에 파다했다. 실제로 윤필상에게 영업권을 사서 장사를 시작하려는 사람도 있었다. 윤필상의 개인적 이익 때문에 한자리에서 장사를 하며 터전을 닦아 온 상인들이 엄청난 손해를 보게 된 것이다.

"안 되겠어. 우리 사정을 나라님께 말해 보자."

상인 중 대표로 보이는 남자가 결연한 어투로 말했다.

며칠 후 시장 상인들이 보낸 언문 투서 때문에 조정이 발칵 뒤집혔다. 투서에는 영의정 윤필상을 비롯한 관리들의 비리가 상세히 적혀 있었다. 그러나 조정 대신들이 놀란 건 그 내용 때문이 아니었다. 그 투서를 쓴 이들이 시장 상인들이라는 점 때문이었다.

"당장 잡아들여라!"

노한 성종의 명령에 곧바로 포졸들이 시장을 덮쳤다.

상인들은 포졸들이 들이닥치자 시장 이전 계획이 곧 취소되리라고 믿었던 자신들의 생각이 얼마나 큰 착각이었는지를 그제야 깨달았다.

"모두 끌고 가라!"

종사관의 한마디에 군졸들은 상인들을 무차별적으로 끌고 나갔다. 상인들의 비명이 시장을 가득 메웠고, 팔려고 내놓았던 물건들이 바닥에 나뒹굴었다. 시장은 금세 난장판이 되었다.

잡혀간 상인의 수만 150명이 넘었다. 얼마 후 한글을 읽고 쓸 줄 아는 16명을 제외하고는 모두 풀려나긴 했지만, 이 일은 당시에도 놀라운 일이었다.

상인들이 한순간에 죄인이 된 이유는 백성들이 자기 마음에 들지 않는다 하여 상위 계급인 양반을 비방했기 때문이다. 유교적 질서를 중히 여긴 성종이 관리들의 부정축재보다 백성들의 투서를 더 큰 죄로 보았던 것이다.

이렇게 백성들은 자신들의 생각을 글로 풀어냈다는 이유만으로 고초를 겪는 경우가 있었다. 하지만 한번 흐르기 시작한 물이 멈추지 않듯, 한번 뚫린 언로가 막히는 일은 없었다. 그러자 그 언로 자체를 막으려 하는 사건이 벌어졌다.

연산군 10년 1504년 어느 날, 연산군은 분노로 몸을 파르르 떨고 있었다. 그의 손에는 피 묻은 천이 들려 있었다. 그 피는 어머니 폐비 윤씨가 사약을 마시고 죽어 가면서 흘린 피였다.

"어머니를 이렇게 비참하게 죽인 자들을 결단코 용서치 않으리라."

그때부터 연산군은 반쯤 정신이 나간 채 어머니를 죽이는 데 관여한 사람들을 모두 처단하기 시작했다. 이미 죽은 이들은 그 묘를 파내어 죄를 묻는 등 끔찍한 짓도 마다하지 않았다. 이른바 조선시대 최악의 사건이라 불리는 갑자사화였다.

연산군이 벌인 끔찍한 일은 백성들에게도 알려졌다. 셋만 모이면 수군거리며 연산군을 욕했다. 어떤 이들은 언로를 통해 자신의 분노를 세상에 알리려 했다.

포졸들은 아침마다 도성 이곳저곳을 뛰어다니며 벽을 확인하기 바빴

· 갑자사화: 1504년, 연산군이 어머니 폐비 윤씨를 다시 왕비로 받들려 하는 과정에서 일어난 사건. 당시 연산군은 자신의 어머니를 궁궐에서 쫓아낸 신하들을 모두 사형에 처했고, 이미 죽은 이들은 무덤을 파헤쳤다. 그리고 자신의 어머니를 다시 왕비로 받드는 데 반대한 신하들 역시 사형에 처하거나 귀양을 보냈다.

다. 밤새 누군가가 붙여 놓은 한글 벽보를 떼기 위해서였다. 누가 썼는지도 알 수 없는 익명의 벽보들은 하나같이 연산군을 비난하고 있었다.

옛날 임금은 아무리 어지러울 때라도 이토록 사람을 죽이지 않았는데, 지금 우리 임금은 대체 어떤 임금이기에 신하를 파리 머리 끊듯이 죽이는가!
옛날 임금은 의리에 어긋나는 일을 하지 않았는데, 지금 우리 임금은 왜 이렇게 무분별한가! 임금이 이러한데 어찌 신하의 그름을 바로 잡을 수 있단 말인가!

백성들이 자신을 비난한다는 사실에 연산군은 분노했다.

"언문 벽보를 쓴 놈들을 당장 잡아들여라!"

연산군의 명령에 신하들은 곤혹스러웠다. 넓은 도성에서 글을 쓴 자들을 어찌 찾을지 앞이 깜깜했기 때문이다. 그것은 모래밭에서 바늘을 찾는 일과 같았다.

신하들의 난처함을 눈치챈 연산군이 한 가지 계책을 냈다.

"도성 안에 언문을 쓸 수 있는 자들을 모두 모아라. 그 뒤에 필적을 대조해 보면 될 게 아니냐?"

신하들은 서둘러 연산군의 명을 받들었다. 아니, 받드는 척이라도

해야 했다. 그렇게 하지 않으면 연산군의 화가 자신들에게도 미칠 게 분명했다.

도성 내에서 한글을 쓸 줄 아는 사람은 모두 용의자였다. 그 수가 너무 많아 감시할 포졸이 부족할 정도였다. 그러나 범인은 쉽게 나오지 않았다. 연산군은 범인 고발에 엄청난 포상금까지 걸었다. 그럼에도 범인은 잡히지 않았다.

수사에 진전이 없자 연산군의 분노는 더욱 커져 갔다. 급기야 이상한 망상을 하기에 이르렀다.

'이게 다 언문 때문이야. 어리석은 백성들이 아무 생각 없이 글을 쓰니 문제가 생긴 거야.'

한글 벽보를 쓴 범인에 대한 분노가 안타깝게도 한글로까지 옮겨 간 것이다. 마침내 연산군은 돌이킬 수 없는 명령을 내리고야 만다.

"백성들이 더는 언문을 쓰지 못하게 하라! 언문으로 쓰인 책은 모두 불 질러 버리고, 앞으로 언문을 쓰는 자는 큰 벌에 처하라!"

연산군은 백성의 언로를 막으려 했다. 그러나 강을 막고자 억지로 둑을 세우다가는, 결국 둑이 터지고 더 큰 물줄기에 휩쓸릴 뿐이다.

한글의 사용을 갑작스레 막으니 가장 큰 일이 난 곳은 조정이었다. 한글이 반포된 지 60여 년밖에 지나지 않았지만 이미 하급 관리들은 이두보다 훨씬 편한 한글로 공문서를 작성하고 있었다. 그런데 갑자기 한글을 막으니 행정 체계에 일대 혼란이 왔다.

사실 연산군 역시 한글의 훌륭함을 알지 못하는 것은 아니었다. 한글을 사용하지 못하게 한 것도 순간적인 분노였을 뿐 실제로 그럴 마음은 없었다.

"새로 지은 노래가 좋던데, 그 악보를 언문으로 옮겨서 모두들 연습하게 하라."

"이번에 죽은 궁인의 제문을 언문으로 옮겨서 의녀가 읽게끔 하라."

"새로 궁에 들어온 궁인들이 궁궐의 높임말에 대해 모를 수 있으니, 궁궐에서 쓰는 말을 언문으로 옮겨서 배포하도록 하라."

과거의 일은 모두 잊었다는 듯 아무렇지도 않게 한글을 쓰라는 연산군의 명령에 신하들은 또다시 얼떨떨했다. 하지만 늘 그렇듯 임금의 명령을 수행하고자 그들은 죽을힘을 다했다.

한글은 그렇게 점점 조선 사람들의 생활 깊숙이 파고들고 있었다.

깊이 읽기

양반도 한글을 썼을까?

 조선시대에 대해 우리가 착각하는 점이 한 가지 있어요. 양반들은 한문만 쓰고 한글은 아예 배우지도 않았다고 생각하는 것이에요. 양반들이 한글을 무시한 건 사실이지만, 그렇다고 해서 한글을 전혀 쓰지 않은 건 아니에요.

 1527년에 당시 최고의 역관이자 한학자로 명성이 높은 최세진이 아이들을 위한 한자 학습서 〈훈몽자회〉를 만들었어요. 이 〈훈몽자회〉는 기존의 학습서와는 달리 한자의 음과 뜻을 한글로 표기했어요. 그래서 책 첫머리에 '언문자모'라는 글을 써서 한글을 익히게끔 했지요. 결국 양반집 자제들은 한자를 배우기 위해서 먼저 한글을 배워야만 했어요.

 조선시대에는 남녀차별이 심해서 양반집 규수라도 제대로 된 한자 교육을 받기가 어려웠어요. 대신 한글은 쉽기 때문에 금세 배울 수 있었죠. 많은 양반집 여인들이 한글을 쓸 줄 알았고, 왕실의 여인들도 마찬가지였어요.

 아랫글은 인목대비가 광해군을 폐위시키려고 쓴 교서(왕가에서 내리는 명령서)예요. 인목대비는 이 교서를 한글로 작성했지요. 한글이 단순히 신변잡기를 다루는 내용에나 쓰이는 줄 알았는데, 이런 공적인 문서에도 쓰였다니 놀랍지 않나요?

> 천리를 거역하고 인륜을 무너뜨려 위로는 종묘사직에 득죄하고 아래로는 만백성에게 원한을 맺었다. 죄악이 이에 이르렀으니 그 어떻게 나라를 통치하고 백성에게 군림하면서 조종조의 천위를 누리고 종묘사직의 신령을 받들겠는가. 그러므로 이에 폐위하고 적당한 데 살게 한다.

정철이나 윤선도 같은 뛰어난 문인들도 한글로 된 작품을 남겼어요. 교과서에 실린 〈관동별곡〉 같은 작품이 그 훌륭한 예죠. 다만 이런 작품들은 백성을 위한 글이 아닌 양반을 위한 작품이었어요. 왕의 어짐을 찬양하고 자연의 아름다움을 노래한 작품들이 주를 이뤘거든요. 양반 문인들이 한문 시와는 다른 한글 시만의 읽는 맛을 느끼기 위해 한글 시를 지었다고 해요.

가장 아름다운 글이란 쓰는 사람의 진심이 담긴 글이에요. 그렇게 본다면 조선시대에 가장 아름다운 글들은 한글로 된 글들일 거예요. 왜냐하면 멀리 떨어져 있던 가족이 서로의 안부를 주고받던 편지글들은 한글로 쓰인 경우가 많았으니까요.

1998년, 안동시에 묻혀 있던 이응태라는 남자의 묘를 이장하던 중에 한 통의 한글 편지가 발견되었어요. 1586년에 31세의 젊은 나이로 세상을 떠난 남편을 그리워하며 쓴 부인의 애절한 사랑 편지였지요. 이 편지는 많은 사람의 눈시울을 붉혔답니다.

원이 아버지께

    당신 늘 나에게 말하기를 둘이 머리가 세도록 살다가 함께 죽자고 하시더니, 그런데 어찌하여 나를 두고 당신 먼저 가셨나요? 나와 자식은 누가 시킨 말을 들으며, 어떻게 살라고 다 던져 버리고 당신 먼저 가셨나요? 당신은 날 향해 마음을 어떻게 가졌으며 나는 당신 향해 마음을 어떻게 가졌던가요?

    함께 누우면 언제나 나는 "여보, 남도 우리같이 서로 어여삐 여겨 사랑할까요? 남도 우리 같을까요?"라고 당신에게 말하곤 했지요. 그런데 어찌 그런 일을 생각지 않고 나를 버리고 먼저 가시나요?

    당신을 여의고는 아무래도 난 살 힘이 없어요. 빨리 당신에게 가려 하니 나를 데려가세요. 당신을 향한 마음은 이승에서 잊을 수가 없으며, 아무래도 서러운 뜻이 끝이 없으니 이내 마음은 어디에다 두고, 자식 데리고 당신을 그리워하며 어찌 살 수 있을까 생각합니다.

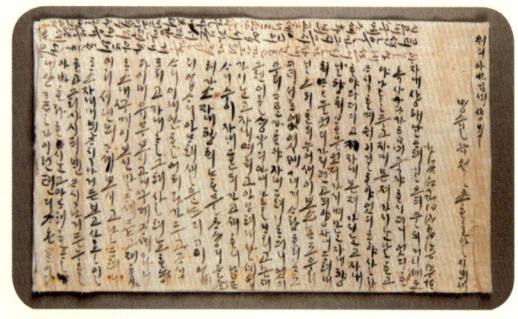

▲ 이응태 부인 언간

이내 편지 보시고 내 꿈에 자세히 와 말해 주세요. 꿈속에서 이 편지 보신 말 자세히 듣고 싶어 이렇게 편지를 써서 넣습니다. 자세히 보시고 내게 일러 주세요.

　당신 내 뱃속의 자식 낳으면 보고 말할 것 있다 하고 그렇게 가시니, 뱃속의 자식 낳으면 누구를 아버지라 하라시는 건가요? 아무리 한들 내 마음 같을까요? 이런 천지가 온통 아득한 일이 하늘 아래 또 있을까요? 당신은 한갓 그곳에 가 있을 뿐이니 아무래도 내 마음같이 서러울까요? 한도 없고 끝이 없어 다 못 쓰고 대강만 적습니다. 이 편지를 자세히 보시고 제 꿈에 와서 보이고 자세히 말해 주세요. 저는 꿈에서 당신 볼 것을 믿고 있어요. 한꺼번에 와서 보여 주세요. 사연이 너무 한이 없어 이만 적습니다.

병술 유월 초하룻날 집에서 아내가

1392년 태조 이성계가 조선을 건국한 후 조선은 모든 면에서 발전을 거듭해 갔어.

하지만 단 하나 변하지 않는 게 있었는데, 그건 신분 제도였어.

흐르지 않고 고여 있는 물은 썩을 수밖에 없어.

마찬가지로 조선의 지배층들도 썩어 갔어. 사회는 점점 혼란스러워졌지.

그런 조선을 호시탐탐 노리는 세력도 생겨났어.

도요토미 히데요시가 이끌던 일본이었지.

도요토미 히데요시는 첩자를 보내 조선을 염탐했어.

"명나라를 치러 가려 하니 길을 빌려 달라."라는 억지 주장을 했어.

명나라를 상국으로 받들던 조선은 당연히 일본의 말을 거절했지.

일본도 조선이 그렇게 나오리라는 걸 잘 알고 있었어.

조선이 거절하면 그걸 핑계 삼아 조선을 침략하려는 의도였으니까.

조선은 일본의 움직임이 수상하다는 사실을 알고 있었어.

하지만 일본은 야만적인 나라일 뿐이라며 애써 무시했지.

게다가 조선은 그 와중에도 편을 갈라 싸우기에 바빴어.

1592년 일본은 마침내 조선을 침략했어.

7년 동안 조선을 혼란에 빠트린 임진왜란의 시작이었지.

그런데 매우 놀라운 점은 임진왜란 때문에 왕이

공식적인 문서에서 한글을 사용했다는 사실이야.

대체 무슨 이유에서였을까?

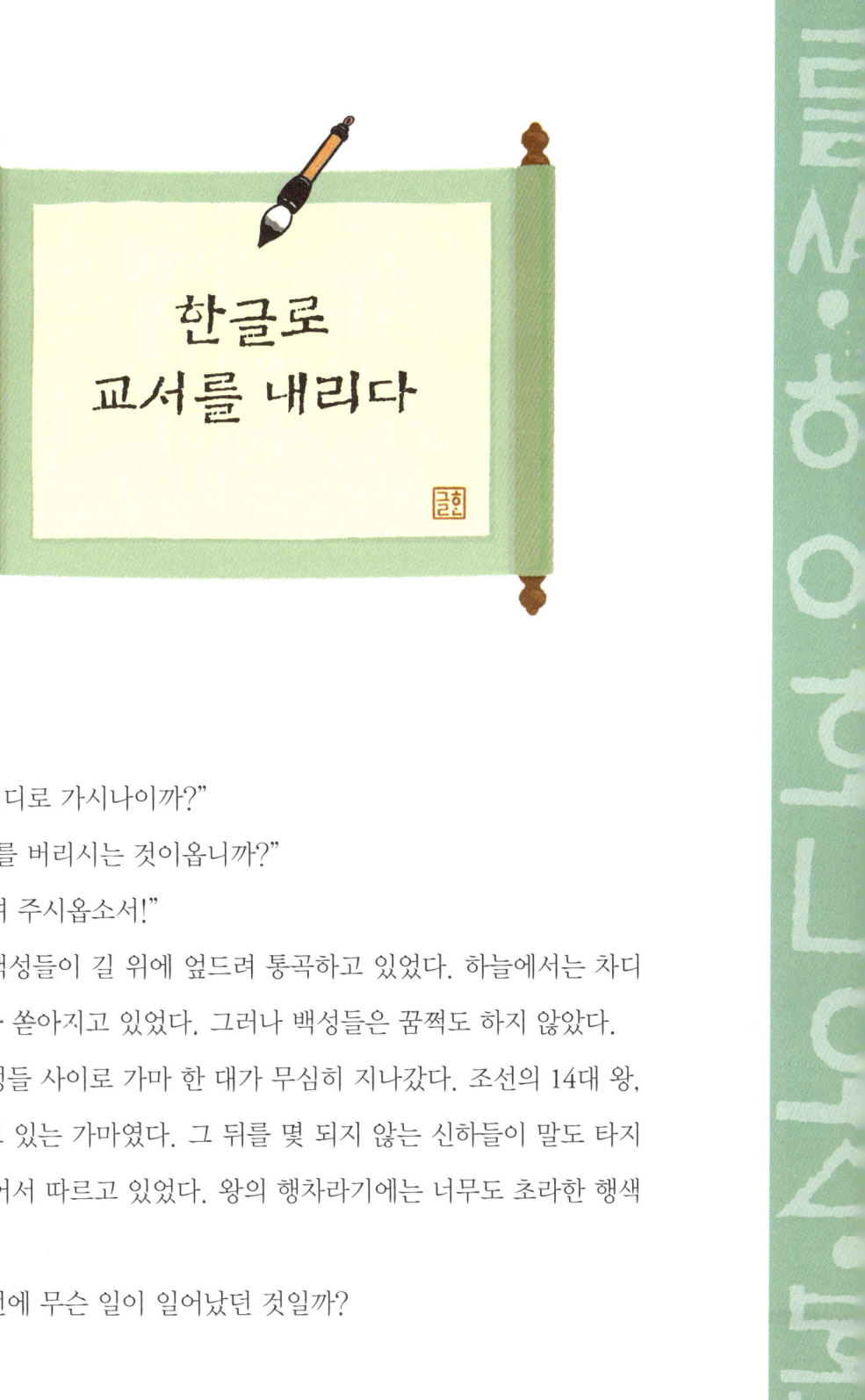

한글로 교서를 내리다

"전하, 어디로 가시나이까?"

"이 나라를 버리시는 것이옵니까?"

"통촉하여 주시옵소서!"

수많은 백성들이 길 위에 엎드려 통곡하고 있었다. 하늘에서는 차디찬 빗줄기가 쏟아지고 있었다. 그러나 백성들은 꿈쩍도 하지 않았다.

그런 백성들 사이로 가마 한 대가 무심히 지나갔다. 조선의 14대 왕, 선조가 타고 있는 가마였다. 그 뒤를 몇 되지 않는 신하들이 말도 타지 못한 채 걸어서 따르고 있었다. 왕의 행차라기에는 너무도 초라한 행색이었다.

대체 조선에 무슨 일이 일어났던 것일까?

1592년 4월 13일, 일본의 장수 고니시 유키나가가 700여 척의 함선과 1만 8000여 명의 병력을 이끌고 부산으로 쳐들어왔다. 갑작스런 침략에 전쟁 준비가 되어 있지 않던 조선군은 우왕좌왕했고, 부산성은 왜군의 손에 쉽게 넘어갔다.

부산성을 함락시킨 고니시는 다음 목표인 동래성으로 향했다. 동래성에 도착한 고니시는 동래성을 몇 겹으로 포위하고, 여덟 글자의 한자를 판자에 써 내걸었다.

戰則戰不戰假我道

"싸울 거면 당장 싸우고, 그러지 않을 거면 나에게 길을 내어 달라."라는 뜻이었다. 다시 말해 명나라를 치러 가는 길이니 조선은 비켜 있으라는 그야말로 조선을 무시하는 오만한 글이었다. 동래성을 지키던 동래 부사 송상현은 일본의 야심을 잘 알고 있었다.

'군사가 지나갈 길을 내어 달라는 건 나라를 통째로 삼키겠다는 것과 마찬가지. 절대 그럴 순 없다!'

송상현은 판자에 글을 써서 답했다.

死易假道難

"죽기는 쉬우나 길을 빌려 주는 것은 어렵다."

조선의 장수로서 목숨을 걸고 길을 지키겠다는 송상현의 의지가 담긴 글이었다.

송상현의 글을 본 고니시는 칼을 빼들고, 진격을 명령했다. 동래성의 병사들은 목숨을 걸고 맞서 싸웠다. 그러나 다음 날 4월 15일 동래성은 결국 함락되었고, 동래부사 송상현 역시 목숨을 잃었다.

왜군이 한양으로 진군한다는 소식이 조정에 전해졌다. 신하들은 여전히 일본을 '야만인의 나라'라고 생각하며 대수롭지 않게 여겼다.

"전하, 뭐가 걱정이십니까? 우리에겐 신립 장군이 있습니다. 그에게 군사를 보내어 왜군을 막으라 명하시옵소서."

명장이라 불리는 신립은 북방에서 여진족을 몰아낸 조선 최고의 장수였다. 선조 역시 신립에게 거는 기대가 컸다. 선조는 그에게 상방검을 하사하고, 군사 8천을 주었다. 상방검을 들고 내린 명령은 왕의 명령과 같았다. 신립은 곧바로 군사를 이끌고 왜군을 맞으러 갔다.

얼마 후 날아온 급보는 충격적이었다.

"신립 장군이 이끄는 군사가 충주 탄금대에서 모두 전멸하고, 장군 역시 그 자리에서 숨을 거두었다고 합니다."

어쩌면 신립 장군의 패배는 예상된 것인지도 몰랐다. 신립 장군은 기마병의 기동력을 앞세워 적군을 혼란에 빠트린 뒤, 보병으로 적을 몰아내는 전통적인 병법을 구사하는 장수였다. 그래서 기마병이 잘 달릴 수 있도록 평지가 넓은 탄금대를 전투 장소로 정했다.

그러나 왜군에게는 신무기인 '조총'이 있었다. 넓은 평지에서 달려오는 기마병은 조총의 총알을 피할 수 없어 조총의 제물이 될 수밖에 없었다. 결국 신립은 왜군을 파악하지 못해 죽음에 이른 것이나 다름없었다.

신립의 패배 후 왜군은 거침없이 한양으로 올라왔다. 한양이 곧 함락될 위기에 처하자 선조는 피난길에 올랐다.

선조가 한양을 떠난다는 소식은 삽시간에 백성들에게 퍼졌다. 당시 임금이 수도를 버린다는 것은 나라가 망했다는 이야기와 같았다. 백성들이 선조의 가마를 몸으로 막으려 한 것도 이 때문이었다.

가려는 피난 행렬과 막으려는 백성들 때문에 피난길은 아수라장이 되었다. 선조는 그 길 위에서 눈물을 흘렸다. 전쟁으로 피폐해진 나라에 대한 걱정의 눈물이었고, 임금인 자신이 할 수 있는 게 하나도 없다는 사실에 대한 슬픔의 눈물이었다.

상황은 점점 조선에 불리해졌다. 왜군은 침공 20여 일만에 한양을 점령했다. 그 소식에 지방의 백성들은 큰 혼란에 빠졌다.

"지금이 기회다! 노비 문서를 불태우자!"

그동안 신분 제도에 발이 묶여 평생을 남의 노비로 살아야 했던 노비들에게 지금의 혼란은 기회였다. 그들은 노비 문서를 모아 놓은 관청에 불을 질렀고, 일부 포악한 이들은 관청을 약탈하기도 했다. 그러나 가장 심각한 문제는 권력층에게서 나왔다.

"그게 대체 무슨 소리요?"

황해도 의주에 임시 조정을 세운 선조는 혼란 속에서 백성들의 마음이 떠나는 걸 느꼈다. 그래서 지방의 수령들에게 백성들을 안정시킬 것을 명하였다. 하지만 충격적이게도 그 명령을 수행할 수령들은 이미 도망친 지 오래였다.

"나라에 충성을 맹세하고 수령이 된 자들이 도망을 쳤단 말이냐!"

선조는 그들에게 큰 벌을 내리려고 했다. 그러자 신하들이 말렸다.

"이런 어려운 시기에 새 수령을 뽑아 보낸다면 혼란만 더욱 가중될 뿐입니다. 차라리 도망친 수령들이 제자리로 돌아올 수 있게 잘 달래는 편이 훨씬 낫사옵니다."

벌을 주기는커녕 달래서 다시 자리에 앉혀야 하다니! 어처구니없는 일이었지만 선조는 그리할 수밖에 없었다.

선조의 명령을 받고 왜군과 싸워야 할 장수들이 겁을 먹고 싸우지 않는 경우도 있었다.

"내 분명 왜군과 맞서 싸우라 했거늘, 어찌 명을 어기고 그대로 머물러 있단 말인가! 당장 군법으로 다스리시오!"

그러나 이 역시 신하들의 반대에 부딪혔다.

"전하의 말씀이 지극히 맞사옵니다만, 지금은 전시 상황이니 일단 지켜보고 후에 벌을 주도록 하시옵소서."

그들에게 벌을 줬다가 자칫 반발이라도 해 반란을 일으킬까 염려한 신하들의 충언이었다. 선조 역시 신하들의 말을 따를 수밖에 없었다.

'나라를 생각하는 사람이 한 명도 없으니, 어찌 이 나라를 지켜 낼

수 있단 말인가…….'

선조는 답답한 마음에 고개를 떨궜다. 신하들 역시 입이 열 개라도 할 말이 없었다. 그저 고개만 숙일 뿐이었다.

그때 전령이 급히 달려 들어왔다.

"전하, 급보이옵니다!"

선조는 또 무슨 우울한 소식인가 싶어 힘없이 고개를 들었다. 전령의 얼굴이 이상하리만큼 흥분돼 있었다.

* * *

"이게 대체 무슨 일이란 말이냐!"

왜군의 장수 나카무라는 너무 답답한 나머지 고함을 질렀다. 나카무라는 왜군 보급대의 대장으로, 병사들에게 식량과 탄약을 전달하는 것이 그의 임무였다.

나카무라는 날선 눈으로 먼발치의 산을 노려보았다. 병사들에게 가려면 이 산을 꼭 넘어야 했다. 하지만 산속의 조선군 때문에 산을 넘을 수가 없었다. 나카무라의 부대는 벌써 사흘째 산 아래에 발이 묶여 있었다.

산 정상 부근의 작은 동굴에 한 무리의 병사들이 모여 있었다.

"오늘도 수고하셨습니다. 좀 쉬세요."

대장으로 보이는 자의 말이 끝나자 병사들이 한숨을 쉬며 지친 몸을 벽에 기댔다.

"논에선 지금쯤 모가 한참 자라고 있을 텐데 말여."

"다들 모여서 김매기 한 번 하고, 막걸리 한 잔 하고. 카아……."

"이놈의 전쟁이 끝나야 다시 농사를 짓든가 말든가 하지."

병사들의 대화라고 하기에는 뭔가 이상했다. 자세히 보니 그들은 군복도 입지 않았다. 손에 든 것도 창칼이 아니라 농사지을 때 쓰는 곡괭

이와 낫, 대나무를 잘라 만든 죽창이 전부였다.

　그들은 사실 산 아래 마을 주민들이었다. 전쟁이니 전투니 하는 것과는 무관한, 농사 잘 짓는 것이 삶의 낙인 사람들이었다. 그런 평범한 사람들이 자발적으로 나라를 지키겠다며 나선 것이다.

　이들은 나라의 지원을 받지 못했기에 상황이 열악하기 그지없었다. 먹을 것이 모자라 나무껍질을 뜯어 먹었고, 옷이 찢어져도 실과 바늘이 없어 꿰매지 못하고 그대로 입었다. 전투 중에 죽어도 누구 하나 알아주지 않았다. 그럼에도 이들에겐 두려움 따위는 없었다.

　'이 마을을, 이 나라를 우리가 지켜야 한다!'

　그 마음 하나로 의병이 되어 목숨을 걸고 왜군과 싸웠다. 평범한 백성이 의병이 되는 일은 어느 한 마을에 국한된 일이 아니었다. 의병의 물결은 마치 들불처럼 전국 각지로 번졌다.

　의병이 일자 가장 당황한 건 왜군들이었다. 일본 본토에서의 전쟁은 누가 먼저 적의 수도를 점령하는가에 달렸다고 나카무라는 생각했다. 일단 수도가 무너지면 그곳의 백성들은 그 결과를 받아들였다. 그러나 조선의 백성들은 달랐다.

　"왜 조선의 백성들은 목숨을 걸고 싸우냔 말이다!"

　의병이라는 돌발 변수 때문에 왜군의 계획은 전쟁 초기와 크게 달라졌고, 그 여파로 전세는 서서히 바뀌어 가기 시작했다.

　백성들이 나라를 지키고자 의병이 되어 싸운다는 소식에 선조는 크게 감격했다.

　'나는 이 나라를 지키는 이들이 내 곁에 있는 양반들인 줄 알았다.

하지만 이 나라를 지키는 진짜 주인공들은 묵묵히 살아가는 백성들이었구나.'

선조는 백성의 수고로움을 위로하고자 교서를 내리고자 했다. 그런데 문제가 있었다. 지금까지의 교서는 한문으로 쓰는 게 관례였는데, 의병이 된 백성들은 한문을 알지 못했다. 선조는 고민 끝에 결단을 내렸다.

"과인이 직접 언문으로 백성들에게 교서를 내릴 것이다."

신하들은 크게 놀랐다. 지금껏 임금이 언문으로 교서를 내린 적은 한 번도 없었기 때문이다.

• • •

돌복이는 신이 나서 단숨에 산 정상으로 뛰어올라갔다. 한 손에는 감자가 한 보따리 들려 있었고, 다른 한 손에는 두루마리가 들려 있었다.

산 정상의 동굴 안에는 계속된 전투로 지쳐 버린 의병들이 녹초가 된 채 잠들어 있었다. 돌복이는 그들을 흔들어 깨웠다.

"일어나 봐요, 어서요!"

"뭐야, 왜놈들이 기습이라도 한 거야?"

의병들은 잠결에 벌떡 일어나 주변을 둘러보았다. 동굴 밖은 조용했다.

"자, 이걸 보세요!"

돌복이가 손에 든 두루마리를 펼쳐 보였다. 의병들은 그게 뭔가 싶

었다.

"이게 바로 임금님께서 우리 의병들에게 내리신 교서라는 거예요. 그것도 언문으로 직접 쓰셨어요!"

호기심을 느낀 사람들이 돌복이 근처로 모여들었다.

"임금님께서 직접 쓰신 거라고?"

"임금님은 언문도 잘 아시는 모양이네."

돌복이가 언문을 한 글자 한 글자 읽기 시작했다. 동굴 벽에 부딪힌 목소리가 은은하게 울려 퍼졌다. 의병들에게 그 목소리는 마치 임금의 목소리처럼 들렸다. 그들은 교서를 통해 자신들을 아끼는 임금의 마음을 깊이 느꼈다.

그때 동굴 밖에서 적의 침입을 알리는 신호가 들렸다. 돌복이는 교서를 소중히 품에 넣은 뒤, 지난 전투에서 빼앗은 칼을 높이 치켜들고 소리쳤다.

"자, 나갑시다!"

다른 의병들도 각자 자신의 무기를 집어 들었다. 그러고는 동굴이 떠나가라 함성을 질렀다. 선조의 교서로부터 힘을 얻은 의병들의 사기가 하늘을 찔렀다.

전국 각지의 의병들이 선조의 교서를 받아 들고 힘을 냈다. 의병들의 사기가 오른 만큼 왜군들의 기세는 떨어져 갔다.

임금이 자신의 마음을 내비치고, 그 마음을 백성들이 받아들일 수 있게 한 힘. 그것이야말로 한글의 참된 힘이었다.

선조가 한글 교서를 내린 유일한 왕?

교서란 임금의 말을 담은 공식적인 문서예요. 당연히 국가의 공식적인 문자로 작성되어야 하죠. 그래서 교서는 한문으로 쓰는 게 일반적이었어요. 하지만 선조는 그때까지의 전통을 깨고 한글 교서를 썼어요. 의병들의 노고를 치하하고자 그들의 눈높이에서 한글 교서를 친히 쓴 것이지요.

한글 교서는 이후로도 종종 쓰였어요. 그중에 광해군을 폐위한 인목대비의 한글 교서가 유명해요.

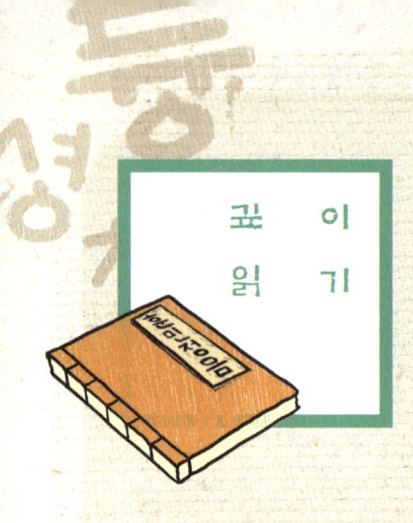

깊이 읽기

조선의 비밀을 담은 한글

　조선의 11대 왕 중종 때의 일이에요.
　당시 조선은 중국 사신이 왔을 때 통역할 사람이 충분치 않았어요. 그래서 역관이 아닌 문과 급제생 중에서 몇몇을 뽑아 중국으로 유학을 보내 중국말을 익히게 하였어요. 그중 주양우라는 사람이 있었어요. 중종은 그를 몇 번이고 중국으로 보내어 중국말을 완벽하게 익히도록 했어요.
　하지만 그 와중에 주양우는 중국 사람에게 한글을 가르쳐 주는 잘못을 범했어요. 당시 외국인에게 한글을 가르쳐 주는 건 국가의 기밀을 알려 주는 거나 마찬가지였어요. 그 때문에 주양우는 큰 벌을 받았지요. 외국인에게 한글을 가르쳐 준 게 왜 그토록 큰 죄가 되었을까요?
　임진왜란 때의 일이에요. 당시 임금인 선조에게 비극적인 일이 닥쳤어요. 함경도로 피난을 갔던 선조의 두 왕자, 임해군과 순화군이 왜군에 붙잡힌 것이에요.
　선조는 두 왕자를 구하기 위해 노력했어요. 하지만 구출 작전은 소득이 없었어요. 그때 두 왕자에게서 비밀문서가 왔어요. "금과 은, 호랑이 가죽 같은 보물을 주면 탈출할 수 있을 것 같다."라는 내용이었죠. 그런데 이

비밀문서가 한글로 쓰여 있었어요. 왜군들은 한글을 읽을 수 없기 때문에, 만약 비밀문서가 발각되더라도 그 내용은 지킬 수 있기 때문이었어요.

이런 사실로 봤을 때 임진왜란 때에는 한글로 된 비밀문서가 전투 중에 오갔을 가능성이 높아요.

조선의 9대 왕 성종 때의 또 다른 일화가 있어요.

한 신하가 성종에게 말했어요.

"지금 궁궐의 서고에는 무기를 다루는 법과 병사를 움직이는 법이 적힌 병서가 있사옵니다. 그런데 만약 이 병서가 외국으로 빼돌려져서 적이 우리의 병법을 모두 안다면 그 피해가 너무 큽니다. 그러니 병서를 언문으로 옮겨 쓰고, 한자로 된 것은 모두 불태우는 것이 어떻겠습니까?"

우리의 병서를 우리의 글로 적어서 보관하자는 거였어요. 다른 나라 사람이 보더라도 읽을 수 없을 테니까요. 이처럼 한글은 암호로서의 역할도 충분히 해냈어요. 그러니 한글을 유출하려 했던 주양우가 처벌을 받는 것은 당연한 일이었지요.

앞의 이야기를 통해 우리는 두 가지 사실을 알 수 있어요. 당시 우리나라 사람들 대부분은 신분을 막론하고 한글을 읽을 수 있었다는 점. 그리고 한글을 우리나라만의 소통 체계로 유용하게 사용했다는 점이에요.

세상에서 가장 재미있는 게 무엇일 것 같아? 그건 '이야기'야.

다음에 뭐가 나올지 알 수 없는,

그야말로 누군가가 내 가슴을 꽉 움켜쥔 것처럼

심장이 조여드는 긴장감 넘치는 이야기.

사람들은 그런 이야기를 보고, 듣고, 읽고 싶어 하지.

그건 조선시대에도 마찬가지였어.

하지만 당시에는 TV도, 라디오도, 극장도 없었지.

재미있는 이야기를 접하려면 '이야기꾼'이 마을에 오기까지 기다려야만 했어.

운이 나쁘면 평생 재미있는 이야기 한 번 못 들어보고 세상을 떠나는 경우도 있었어.

그때 한글이 생겨난 거야. 한글과 이야기, 이야기와 한글.

이 둘이 만나면 어떻게 될까? 맞아. 한글 소설이 탄생했어!

이제 한글을 아는 사람들은 언제 어디서나 재미있는 이야기를 읽을 수 있게 됐어.

또한 누구나 재미있는 이야기를 써서 작가가 될 수도 있었지.

한글 소설을 빌릴 수 있는 세책방은 언제나 사람들로 북적댔어.

한때 세책방은 사회 문제로 떠오르기까지 했대.

대체 세책방에는 무슨 일이 있었던 것일까?

구름처럼 세책방에 몰리다

"꼬끼오!"

동녘에 해가 뜨려는 낌새가 보이자마자 마당의 수탉이 힘차게 울어 대기 시작했다. 그와 함께 불 꺼진 방에서 우당탕탕 하는 시끄러운 소리가 나더니 장지문이 벌컥 열렸다.

얼마나 곤히 잤는지 얼굴에 베개 눌린 자국이 선명한 남자는 아직도 잠이 덜 깼는지 흐리멍덩한 눈으로 해가 떠오르려 하는 동녘 하늘을 바라보았다.

곧이어 남자의 얼굴이 서서히 일그러졌다. '이제 어쩌지?' 하는 당황스러움과 '난 죽었다!' 하는 두려움이 섞인 복잡한 표정이었다. 남자는 얼른 장지문을 닫았다.

어두컴컴한 방 안에서 무언가를 뒤적이던 남자가 곧 자신이 찾는 물건을 집어 들었다.
'탁! 탁!'
남자가 집어 든 건 부싯돌이었다. 부싯돌을 몇 번 치자 곧 호롱불 심지에 불이 붙었다. 그러자 방의 모습이 드러났다.
남자의 방은 한마디로 쓰레기장이었다. 남자가 벗어 둔 옷들이 군데군데 널브러져 있었고, 소반 위에 놓인 그릇에는 먹다 남은 밥과 반찬이 말라붙은 채 퀴퀴한 냄새를 풍기고 있었다. 그 옆에는 구겨진 종이들이 쌓여 작은 언덕을 이루고 있었다.
남자는 방 안에 어질러져 있는 것들을 발로 대충 밀어 내고는 앉은

뱅이책상에 앉았다. 책상에는 벼루와 먹, 가는 붓이 놓여 있었고, 흰 종이가 펼쳐져 있었다. 남자는 아무것도 쓰여 있지 않은 새하얀 종이를 보며 울상이 되었다.

"이제 곧 해가 뜰 텐데 어쩌면 좋지?"

남자의 이름은 최대필, 직업은 소설가였다. 오늘은 그의 소설 〈자운몽〉의 마지막 편이 나오는 날이다. 하지만 정작 대필은 아직 한 글자도 제대로 쓰지 못했다. 인생 최대의 위기가 찾아온 것이다.

훈민정음이 반포되고 얼마 지나지 않아 시중에 한글로 된 이야기책이 나오기 시작했다. 새로 지은 이야기가 아닌, 한문 이야기책을 번역한 것이었지만 이는 놀라운 일이었다. 그만큼 한글을 읽을 수 있는 사람이 많이 생겨나고 있다는 뜻이었다.

그런 가운데 한 편의 한글 소설이 세상을 떠들썩하게 했다. 1511년에 채수란 사람이 한문으로 쓴 〈설공찬전〉이었는데, 이 책이 한글로 번역되면서 백성들에게 큰 인기를 끌었다. 그런데 조정에서는 이 책의 내용이 허황되어 세상을 어지럽히고 백성들을 홀린다 해서 큰 논란이 되었다. 채수를 참형에 처하라는 이야기까지 나올 정도였다. 그는 겨우 참형을 면했지만 대신 관직에서 쫓겨나야 했다.

한글이 생겨난 지 50여 년밖에 되지 않았던 시기에 한 권의 책이 그토록 큰 인기를 얻고 세상을 뒤흔들었다는 사실은, 한글이 세상에 빠른 속도로 퍼졌다는 것을 의미한다. 1600년대 초에는 최초의 한글 소설 〈홍길동전〉이 나왔고, 이후 점차 많은 한글 소설이 쓰여지기 시작했다.

대필은 다급히 소설을 써 내려갔다. 다행히 〈자운몽〉을 어떻게 끝낼지, 대략적인 줄거리는 떠오른 터였다.

'역시 마감이 닥쳐야 생각이 나는구나.'

대필은 급한 와중에 글을 쓰면서도 왠지 신바람이 났다. 그러나 장지문 사이로 햇살이 파고 들어오자 곧 얼굴이 굳어졌다. 대필에게는 머릿속에 든 이야기를 글로 옮길 시간이 없었다.

'역시 예전이 나았어……'

대필은 이야기꾼으로 일하던 때를 떠올렸다.

대필의 원래 직업은 마을을 돌아다니며 소설을 읽어 주고 돈을 받는 이야기꾼이었다. 이야기 만드는 걸 좋아하던 대필은 소설 중간 중간에 자기가 짠 새로운 이야기를 끼워 넣기도 했다. 때로는 원래의 소설보다 더 큰 환호성을 받기도 했는데, 대필은 그럴 때가 가장 행복했다.

간혹 사람들에게 돈을 받기 민망할 정도로 재미없는 소설책을 읽어 줄 때도 있었다. 그럴 때마다 대필은 생각했다.

'이게 소설이면 차라리 내가 쓰고 만다.'

그렇다고 대필이 소설을 쓰겠다고 생각한 것은 아니다. 대필은 자신한테 소설가의 재능이 있다고 생각한 적이 없었다. 오히려 대필은 이야기꾼으로 전국을 떠돌아다니는 게 훨씬 재미있었다. 하지만 그런 대필에게 위기가 찾아왔다.

"왜 이렇게 사람이 없지?"

대필은 꽤 인기 있는 이야기꾼이었다. 대필이 마을에 도착하면 사람들이 구름처럼 몰리는 게 일상이었다. 그런데 언제부터인가 대필의 이야기를 들으러 오는 사람들의 수가 줄기 시작했다. 처음에는 우연이라고 생각했지만, 사람들은 계속 줄어들었다. 게다가 이야기를 들으러 온 사람들조차 그가 무슨 이야기를 할지 이미 아는 듯했다. 어떤 노인은 꾸벅꾸벅 졸기까지 했다. 분위기가 그러니 이야기할 맛이 날 리가 없었다.

이야기를 겨우 마친 대필이 밥을 먹으러 주막에 들렀다. 비어 있는 구석 자리에 털썩 앉아 주모를 불렀다.

"주모, 여기 국밥 제일 싼 걸로."

평소 같으면 이야기 한 자락이라도 들으려고 냉큼 달려오던 주모가 불러도 대답이 없었다. 주변을 둘러보니 다들 불만 가득한 표정으로 부엌 안의 주모를 부르고 있었다. 대필은 뭔가 싶어 부엌으로 향했다.

부엌의 커다란 가마솥에서 밥 타는 냄새가 났다. 주모는 부엌 한 귀퉁이에서 슬픔의 눈물을 뚝뚝 흘리고 있었다. 주모의 손에는 책 한 권이 들려 있었다. 대필 역시 지금껏 몇 번이나 읽고, 몇 번이나 이야기로 들려준 〈춘향전〉이었다.

"세책방에서 빌린 거요?"

"응, 세책방. 거기 가면 온갖 책이 다 있어. 요샌 책 빌려 읽는 재미 때문에 잠을 못 잔다니까."

주모의 말을 듣고서야 대필은 왜 사람들이 자신의 이야기를 들으러 오지 않는지 그 이유를 알 수 있었다.

18세기 전까지 소설은 주로 이야기꾼이 관객들에게 읽어 줌으로써 소비되었다. 소설책이 없었던 것은 아니었지만 비싸고 구하기 어려웠기 때문에 개인이 책을 사 보기란 쉽지 않았다. 18세기가 되자 목판을 파서 책을 찍는 '방각'이란 방식이 생겨났다. 그러면서 자연스럽게 상업적인 판매를 위한 소설책이 만들어지기 시작했다. 바야흐로 책을 빌려 주는 세책방 시대가 열린 것이다.

　세책방 때문에 이야기꾼의 인기가 떨어지자 이야기꾼들은 다른 직업을 찾았다. 그러나 대필은 이야기를 들려 주는 것 말고는 달리 재주가 없었다. 어차피 부양해야 할 가족도 없는 홀몸이었기에 그리 큰돈이 필요하지도 않았다. 그래서 대필은 느긋하게 가난한 이야기꾼으로 살아갈 계획이었다.

그때 끔찍한 사건이 벌어졌다. 대필의 동료 이야기꾼 하나가 격분한 관객이 휘두른 주먹에 맞아 목숨을 잃은 것이다. 대필은 그 소식을 전해 듣고는 곧 이야기꾼을 그만두었다.

그 후 대필은 소일 삼아 생각해 두었던 이야기를 한글로 쓰기 시작했다. 소설의 제목은 '자줏빛 구름의 꿈'이란 뜻의 〈자운몽〉. 한 마을에서 원수처럼 지내던 두 집안의 아들과 딸이 비극적인 사랑에 빠지게 된다는 내용이었다. 〈자운몽〉의 출간 이후 대필은 곧 인기 작가가 되었고 돈도 짭짤히 벌었다. 대필은 그때를 생각하며 미소를 지었다.

"아직 다 안 썼단 말이오? 해가 중천인데?"

갑작스런 세책방 주인 오만방의 출현에 대필은 정신이 번쩍 들었다.

"어, 어험. 어디 글이 닦달한다고 나오는 겐가. 다 시간이 되어야……."

'쾅!'

만방이 개다리소반을 걷어차자 밥그릇이 천장으로 날아올랐다. 그 모습에 기가 눌린 대필이 입을 꽉 다문 채 빠르게 손을 놀려 글을 써 내려갔다. 만방은 대필의 원고 뭉치를 훑어보더니 입을 열었다.

"안 되겠소. 일단 세책방으로 가서 쓰시오. 되는 대로 옮겨 쓰도록 하겠소."

"여기서 쓰는 게 편한데……."

대필은 뭔가 항변하려 하다가 만방의 험악한 눈빛에 주섬주섬 옷을 챙겨 입었다.

만방의 세책방은 한양 일대에서 규모가 가장 큰 곳이었다. '한양의 모든 세책은 만방이네로부터'라는 말이 있을 정도였다. 오늘 역시 〈자운몽〉의 마지막 편을 구하러 온 다른 세책방 주인들로 만방의 세책방은 문전성시를 이루고 있었다.

"오늘 나온다면서! 지금 우리 고객들이 목이 빠져라 기다리고 있다고!"

"대체 언제 나오는기고? 내는 지금 책 받자마자 부산으로 내리가야 된다꼬!"

"아따, 줄 좀 서쇼! 나는 전주에서 왔당께."

밖에서 들리는 원성을 듣고 있자니 대필의 손이 절로 빨라졌다. 그 옆으로는 필경사들이 대필의 원고를 그대로 옮겨 적고 있었다. 세책방의 크기가 커지며 전문적으로 책을 옮겨 적는 필경사란 직업도 생겨났다. 목판 인쇄인 방각본이 좋긴 했지만, 책으로 만들기까지 비용과 시간이 많이 든다는 게 단점이었다.

세책방의 점원들은 들어온 책을 훑어보며 책 손질을 하고 있었다. 여러 사람이 보는 책이니만큼 훼손이 잦았다. 침이나 코딱지를 묻히거나 마음에 드는 부분을 찢어 갖는 이도 있었다. 어떤 이는 이야기의 결말을 책의 앞부분에 써 놓아 다른 이에게 이야기의 흥미를 떨어트리기도 했다.

세책방의 인기가 날로 높아지면서 양반들은 이를 곱지 않은 눈으로 보았다. 그들은 가장 먼저 한글 소설의 내용을 문제 삼았다. 그들은 한글 소설이 단순히 재미만 좇는다고 했다. 또한 성리학의 규범을 무시한다며 트집을 잡기도 했다. 부녀자들이 책을 빌리려고 비녀와 집안 세간을 팔고, 심지어는 빚을 낸다며 그 또한 문제로 삼았다.

"완성이로구나!"

대필이 붓을 집어던지며 소리를 지르자, 이야기의 결말을 확인하려는 사람들이 한꺼번에 모여들었다. 그때 만방이 사람들을 밀쳐 내면서 대필의 원고 뭉치를 움켜쥐었다.

"다들 조용히 하시오! 만약 〈자운몽〉의 결말이 새어 나가기라도 한다면 여기 있는 여러분은 모두 내게 혼쭐이 날 것이오!"

그러더니 만방은 〈자운몽〉의 결말이 담긴 원고를 들고 방으로 들어갔다. 이야기가 팔릴 만한 가치가 있는지 먼저 읽어 보기 위함이었다. 만방은 독자로서의 안목도 뛰어났는데, '만방이 웃으며 나오면 대박, 화내며 나오면 쪽박'이라는 속설까지 있을 정도였다. 사람들의 시선이 모두 만방의 방문으로 향했다.

얼마 후 만방의 방문이 열렸다. 그런데 만방은 웃지도, 화내지도 않았다. 그저 고개를 묵묵히 숙이고만 있을 뿐이었다. 다만 그의 두 눈은 퉁퉁 부어 있었고, 콧물은 새어 나오고 있었다.

만방이 잔뜩 목이 메여 말했다.

"……빨리 책 만들어. 빨리!"

그 말에 세책방은 바빠지기 시작했다.

만방은 겨우 한숨을 돌리고 있는 대필의 옆에 자리를 잡고 앉더니 원망스러운 눈으로 바라보며 말했다.

"내가 슬픈 얘기 싫어하는 거 잘 알면서……."

"그래서, 어떤가?"

만방은 말없이 엄지손가락을 치켜 세웠다. 대필은 그제야 마음이 놓인다는 듯 씩 미소를 지었다. 그러나 "이제 슬슬 다음 소설 써야지."라는 만방의 말에 그의 얼굴에선 미소가 사라졌다.

'이 짓을 또 하라고!'

대필의 소리 없는 외침이 세책방에 울려 퍼졌다.

우리나라 최초의 한글 소설은 무엇일까?

많은 사람들이 1600년대 초 허균의 〈홍길동전〉을 우리나라 최초의 한글 소설로 알고 있어요. 그러나 그보다 100여 년 전인 1511년, 채수의 〈설공찬전〉이라는 소설이 한글로 번역되었다는 사실이 밝혀지면서 우리나라 최초의 한글 소설이 무엇인지에 대한 논쟁에 불이 붙었어요. 이러다가 최초의 타이틀이 바뀌는 건 아닐지 모르겠네요.

깊이 읽기

한글 소설, 세상을 읽는 힘을 주다

〈계축일기〉라는 책을 알고 있나요? 조선 14대 왕인 선조의 계비(임금이 다시 장가를 가서 맞은 아내)인 인목왕후에 대한 이야기로, 그녀를 모시던 나인이 썼다고 추정되는 글이에요.

〈계축일기〉가 인기를 끌었던 이유는 궁궐 안에서 벌어지는 권력 싸움에 대해 다루었기 때문이에요. 당시 백성들은 궁궐 안에서 벌어지는 일에 대해 전혀 알지 못했어요. 이런 정보의 불균형은 소수의 양반이 다수의 백성을 다스리는 데 활용되었지요.

하지만 백성들은 〈계축일기〉와 같은 책을 읽으면서 권력층의 세상에 대해 알아갔어요. 왕위 계승을 놓고 배다른 동생 영창대군과 싸운 광해군과 권력의 비정함에 대해 알게 되었고, 끝내 영창대군을 살해한 광해군을 통해 임금이라고 해서 모두 완벽한 것은 아니라는 사실을 알게 되었지요.

한글 소설은 이처럼 이야기의 재미뿐 아니라, 그 속에 세상을 읽는 힘을 숨겨 두어서 백성들을 깨우치는 역할도 했어요. 판소리소설 〈춘향전〉이나 〈심청전〉과 같은 이야기를 생각해 보세요. 양반의 아들인 이몽룡과 기생의 딸인 춘향이의 사랑 이야기를 읽다 보면 '신분 제도는 필요한가?'라는 의문이 들며, 원래 양반의 핏줄인 심 봉사가 서민인 뺑덕어멈에게 당하는 모습에서는 양반이라도 별거 없다는 생각이 들지요.

허균의 〈홍길동전〉은 또 어떤가요? 작가인 허균은 세상을 바꾸려 하다 역모 혐의로 목숨을 잃을 정도로 개혁적인 인물이었어요. 그런 그가 쓴 〈홍길동전〉은 그 자체로 개혁적인 내용을 담고 있었어요.

홍길동은 양반인 아버지와 종이었던 어머니 사이에서 태어난 서자였어요. 그래서 아버지를 아버지라 부르지 못하고, 형을 형이라 부르지 못했지요. 이런 사회 제도에 답답함을 느낀 홍길동은 새로운 세상을 만들기 위해 길을 떠났어요. 먹을 것이 없어 도둑이 된 이들을 모아 '활빈당'을 세웠고, 부자의 물건을 빼앗아 가난한 사람들에게 나누어 주었으며, 악덕한 탐관오리를 벌했어요. 백성들 사이에서 홍길동의 인기가 높아지자 조정에서는 그를 잡으려고 갖은 애를 썼지요. 하지만 홍길동은 신출귀몰했어요.

조정에서는 홍길동을 잡으려고 그의 아버지와 형을 이용했어요. 홍길동은 자신 때문에 아버지와 형이 고통받는 걸 두고 볼 수 없었어요. 그래서 조선을 떠나 섬으로 들어가 율도국이라는 이상적인 나라를 세웠지요.

신분 제도의 철폐, 양반 재산의 탈취, 새로운 나라의 건국 등 소설 속의 여러 내용들은 당시로서는 절대 입밖에도 낼 수 없는 일이었어요. 하지만 백성들은 〈홍길동전〉이라는 소설을 통해 대리만족을 느꼈어요. 게다가 점차 많은 사람들이 사회의 문제점을 인식하는 계기가 되었지요. 더 나아가 조선 사회의 잘못된 점을 바꾸어야 한다는 생각에 이르게 하였어요.

한글 소설은 이처럼 사회를 비추는 거울이자, 사회를 바꾸는 힘이 되었답니다.

우리글을
지켜야 해

조선어, 꼭 공부해야 하나?

<큰사전>이 필요하다

19세기 후반 조선은 큰 위기에 직면해 있었어.

안으로는 세도 정치 때문에 사회 전반이 혼란스러웠고,

밖으로는 조선을 호시탐탐 노리는 강대국들의 위협 앞에 놓여 있었지.

그 가운데 가장 위협적인 나라는 일본이었어.

아시아를 정복하려는 야심을 가진 일본에게

조선은 대륙 진출을 위해 꼭 필요한 교두보였거든.

당시 조선은 새로운 나라로 거듭나기 위해 노력 중이었어.

국호를 대한제국으로 바꾸고,

고종은 스스로 황제의 자리에 올라 다시 한 번 나라를 일으켜 세우려 했지.

그러면서 생긴 가장 놀라운 변화는

이전까지 천시하던 한글을 국문(國文),

즉 나라의 공식 언어로 채택했다는 사실이야.

중국을 숭상하던 예전의 모습에서 벗어나

자주적인 나라로 다시 태어나겠다는 의지가 담긴 행동이었지.

그러나 우리나라는 이미 힘이 너무 약해져 버린 뒤였어.

반면 청일전쟁과 러일전쟁의 승리 후 아시아의 강자가 된 일본은

우리나라를 식민지로 만들기 위해 무서운 계획을 세우고 있었지.

과연 일본의 계획은 무엇이었을까?

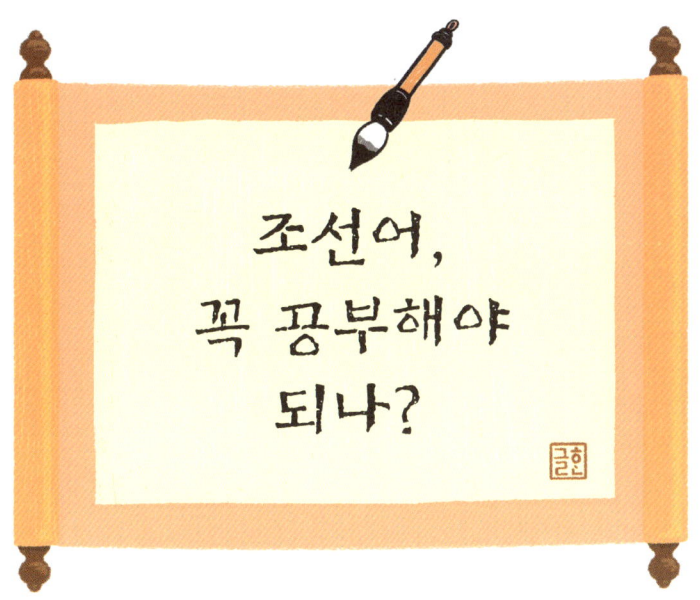

조선어, 꼭 공부해야 되나?

　보통학교에 다니는 한돌과 기선이 뒷산 공터에서 주먹다짐을 하고 있었다.
　그 둘은 가장 친한 친구 사이로, 조선에서 공부로는 1, 2등을 다투는 수재들이었다. 이들이 싸우게 된 이유는 한글 때문이었다. 그리고 나라 때문이기도 했다.

　1894년 11월, 조선의 마지막 왕 고종이 나라의 체계를 세우는 법과 왕의 명령인 칙령을 앞으로는 한글로 쓸 것을 발표한다. 그동안 '언문' 이니 '쌍글'이니 '암글'이니 하며 무시당하던 한글을 '국문(國文)', 즉 '나랏글'로 공식적으로 인정한 조치였다. 그리고 그것은 중국에서 벗어나 새로운 나라를 만들고자 한 고종의 바람이 적극 반영된 것이었다.

고종의 조치를 반대하는 이들도 있었다. 주로 한문을 사용하는 보수 지식인층이었는데, 그들은 모일 때마다 투덜거렸다.

"어떻게 언문을 국문으로 정할 수 있단 말인가?"

"이 나라가 어찌 되려고 이러는지 원······."

대부분의 사람들은 고종의 결정을 반겼다. 특히 개화사상을 지닌 지식인들이 그러했다. 그들은 신분제의 폐지와 모든 국민의 평등을 바랐다. 이런 이유로 모두가 쉽게 알아볼 수 있는 한글이 국가의 공식 문자가 된 것을 반겼다. 그러나 일본은 그런 지식인들을 달가워하지 않았다.

1906년, 일본은 서울 한복판에 통감부를 설치한다. 통감부는 일본이 우리나라의 안녕과 평화를 유지한다는 명분으로 세운 기관이었다. 하지만 실상은 우리나라를 제 것으로 만들기 위한 통치기구에 지나지 않았다.

그 통감부에서 비밀스러운 회의가 열렸다.

통감부의 수장으로 여겨지는 인물이 걱정스러운 얼굴로 말했다.

"이제 우리 대일본제국은 조선을 집어삼킬 만반의 준비가 끝났소. 허나 아직 해결 못한 문제가 하나 있소. 이 나라의 백성들이오."

회의에 참석한 이들이 얼굴을 찌푸린 채 동의한다는 듯 고개를 끄덕였다.

그들은 양처럼 순한 조선의 민중이 나라가 위기에 처하면, 호랑이로

변해 죽음을 각오하고 싸운다는 사실을 잘 알고 있었다. 임진왜란의 패전을 통해 일본인들은 조선 민중의 숨겨진 힘을 겪어 본 바 있다.

"맞소. 우리가 조선을 강탈한다 해도 조선의 민중들이 우리를 끝없이 괴롭힐 것이오. 먼저 그들을 억누를 수 있는 방법을 찾아야 하오!"

"그들을 모두 일본인으로 만들면 어떻겠습니까?"

회의실의 모든 시선이 발언자에게 쏠렸다. 어떻게 조선인을 일본인으로 만든단 말인가? 다들 이해가 가지 않는다는 표정으로 그자가 입을 열기를 기다렸다.

"제 계획은 이렇습니다."

발언자는 자신에 찬 표정으로 차분하게 설명했고, 설명이 끝나자 박

수가 쏟아져 나왔다.

그리고 얼마 후 교과서를 일본어로 바꾼다는 소식이 전국에 퍼졌다.

"뭐? 아이들의 교과서를 모두 일본어로 바꾼다고?"

"아니, 그게 무슨 말도 안 되는 소리야! 아이들을 모두 일본인으로 만들려는 속셈이 분명해!"

통감부의 계획에 분노한 조선인들이 금방이라도 들고 일어설 분위기였다. 그 분위기를 감지했는지 통감부가 한 발짝 물러서며, 일어 독본과 이과 교과서만 일본어로 바꾸기로 했다. 그러나 이것 역시 계획의 일부였다. 나라가 발전하려면 과학기술이 융성해야 하는데, 과학기술을 공부하기 위해선 반드시 일본어를 공부해야 하게끔 만들어 놓은 것이다.

통감부의 계획은 점점 교묘해졌다.

중학교나 고등학교에 진학하기 위해서는 시험을 봐야 한다. 그런데 그 시험 과목에서 조선어를 뺀 것이다. 학생들은 굳이 시험에 나오지 않는 조선어를 공부하려 들지 않았다. 그 결과, 조선어 수업 시간은 학생들이 가장 듣기 싫어하는 수업이 되었다. 일부 학생은 조선어는 쓸모가 없다고 말하기도 했다. 기선도 그런 아이들 가운데 한 명이었다.

반면 한돌은 조선어에 대한 열의가 남달랐다. 한돌이 조선어 공부를 열심히 하는 이유는 별 게 아니었다.

'조선 사람이 조선어 공부를 열심히 해야 하는 거 아닌가.'

정말 단순하면서도 당연한 생각이었다.

한돌과 기선은 조선어에 대한 생각이 정반대라는 사실을 잘 알고 있었다. 그것 때문에 서로 말이 통하지 않기도 했다. 하지만 둘은 절친했기에 우정을 잃지 않으려고 다툼을 피해 왔다. 그러나 그러한 행동이 상처를 더 곪게 만들고 있었다.

진학 시험이 얼마 남지 않자 아이들은 시험공부에 몰두했다. 그런 아이들에게 조선어 수업 시간은 정말 아까운 시간이었다. 차라리 그 시간에 다른 공부를 하는 게 낫다고 아이들은 생각했다. 그러다 보니 하나둘씩 조선어 시간에 다른 공부를 하는 학생들이 생겨났다. 선생님도 그 사실을 잘 알고 있었다. 하지만 학생들의 사정을 생각해 모른 척 그냥 넘어가 주곤 하였다. 그러자 학생들의 대담함은 점점 도를 넘어섰다. 아예 조선어 교과서를 꺼내 놓지도 않고 다른 공부를 하는 게 아닌가. 급기야 선생님이 폭발했다.

"너희들 대체 뭘 하는 거냐!"

선생님의 화내는 모습을 처음 본 학생들은 깜짝 놀랐다.

"너희는 조선인이 아니더냐! 어떻게 조선어를 공부하는 데 이렇게 소홀할 수 있단 말이냐! 조선어 공부를 하는 것이 조선의 혼을 지키는 길이란 걸 모른단 말이냐!"

선생님이 목소리를 높였다.

그때 기선이 손을 들며 말했다.

"선생님, 드릴 말씀이 있습니다."

선생님은 기선에게 말해 보라는 듯 고개를 끄덕였다. 이윽고 기선이 자리에서 일어났다.

"저는 왜 조선어를 공부해야 하는지 모르겠습니다."

기선의 말에 교실 안이 찬물을 끼얹은 듯 싸해졌다.

그런 분위기에도 아랑곳없이 기선은 계속 말을 이었다.

"학생의 본분은 공부라고 생각합니다. 어느 분야건 전문적인 공부를 하려면 일본어를 배워야 합니다. 하지만 조선어는 그럴 필요가 없지 않습니까? 우리들은 모두 조선어를 읽고 쓰고 말할 수 있습니다. 그러니 우리가 조선어를 계속 배우는 건 시간 낭비라고 생각합니다."

기선이 말을 마치자, 아이들이 웅성웅성거렸다. 몇몇은 기선의 말이 맞다는 듯 고개를 끄덕거렸고, 또 몇몇은 선생님의 눈치를 보며 박수를 쳤다.

참다못한 한돌이 벌떡 일어나며 외쳤다.

"그만두지 못해! 선생님께 뭐하는 짓이야!"

아이들의 시선이 다시 한돌에게 쏠렸다.

한돌은 매서운 눈으로 기선을 쏘아보았다.

"한돌아, 가만있어라."

선생님이 차분한 목소리로 한돌을 말렸다.

"하지만 선생님······."

한돌은 예의 없는 아이들에게 더 내뱉고 싶었지만 선생님의 만류에 입을 다물 수밖에 없었다.

"너희들 생각이 정 그렇다면 어쩔 수 없지."

선생님은 조용히 앞문을 열고 교실 밖으로 나갔다. 선생님의 뒷모습은 그 어느 때보다 작고 힘없어 보였다. 기선의 말에 박수를 친 아이들조차도 뭔가 잘못됐음을 직감했다. 하지만 기선은 그런 것에는 아랑곳하지 않고 일본어 교과서를 펼쳐 들었다.

그때 화가 잔뜩 난 한돌이 기선의 책을 낚아챘다.

이번엔 기선이 벌떡 일어나더니 한돌의 멱살을 움켜잡았다.

"너 죽고 싶어! 당장 내놓지 못해!"

"흥! 찾고 싶으면 학교 끝나고 뒷산으로 와."

한돌이 가소롭다는 듯 말했다.

전교 1등과 2등의 결투 소식은 곧 전교로 퍼져 나갔다.

"아무래도 한돌이가 공부를 더 잘하니까, 싸움도 잘하지 않을까?"

"에이, 공부랑 싸움이 무슨 상관이야. 난 기선이 이길 것 같은데."

입 있는 학생이라면 누가 이길지 그 결과에 대해 한마디씩 했다.

방과 후 학생들이 모두 뒷산에 모였다. 아이들의 기대 속에 한돌과 기선이 마주섰다. 아이들의 긴장감이 최고조에 달했을 때, 한돌과 기선이 맞붙었다.

"으아아아아!"

그러나 아이들이 기대했던 것과는 달리 두 아이의 싸움은 지루하기 그지없었다. 그도 그럴 것이 두 아이는 지금까지 제대로 된 싸움이라고는 해 본 적이 없었다. 그들의 싸움은 그저 서로 양팔을 잡고 빙빙 돌기만 할 뿐, 주먹 한 번 오고 가지 않았다.

해질녘이 되자 구경하던 아이들은 하나둘씩 집으로 돌아갔고, 공터

에는 한돌과 기선 둘만 남게 되었다.

팔만 휘두르는 것도 지쳤는지, 둘은 누가 먼저랄 것도 없이 흙 밭에 드러누운 채 거칠게 숨을 헐떡였다.

잠시 후 기선이 입을 열었다.

"그만 인정해. 조선어는 필요 없어."

"억지 부리지 마. 조선 사람은 죽을 때까지 조선어를 공부해야 해."

한돌이 말했다.

"어차피 상급 학교에 진학하면 조선어는 더 이상 가르쳐 주지 않아. 게다가 전문적인 공부를 하려면 일본어를 해야 하잖아."

기선이 흙바닥에서 일어나 몸에 묻은 흙을 털며 말했다.

"나 역시 조선인으로서 우리나라의 발전을 바라고 있어. 하지만 그게 꼭 조선어를 써야 한다는 이유는 될 수 없어. 일본어를 공부해서 우리나라를 발전시킨다면 그것도 애국 아닐까?"

말을 마친 기선이 가방을 집어 들고 자리를 떴다.

홀로 남은 한돌은 기선의 말을 곰곰이 생각해 보았다. 기선의 말에는 딱히 틀린 점이 없었다. 하지만 뭔가 찝찝한 기분이 들었다. 왜 그런 기분이 든 것일까? 한돌은 그 이유를 절실히 알고 싶었다.

그날 한돌은 인생의 중대한 결정을 내렸다. 조선어를 연구하는 학자가 되어서 그 이유를 찾기로 말이다.

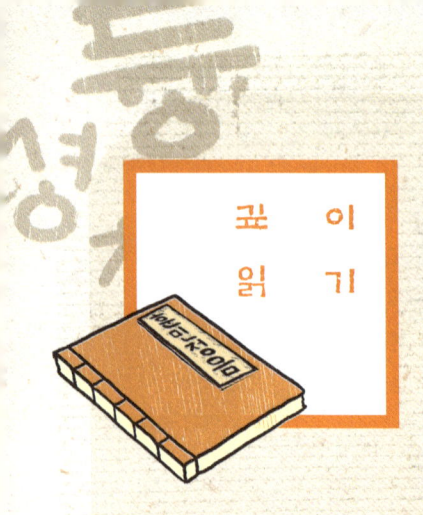

깊이
읽기

조선의 지식인들, 국어 연구의 횃불을 높이 들다

20세기 초, 우리나라는 일본에게 자주권을 빼앗긴 채 식민 지배를 당하고 있었어요. 지식인들은 나라의 말을 지키는 것이 자주독립의 첫 번째 단추라고 생각했어요. 우리 민족의 정신을 담은 글을 지키면 우리 민족의 혼을 지킬 수 있다고 믿었지요. 그래서 그 어느 때보다 활발히 한글을 연구하고 발전시킬 방법을 찾았어요.

한글의 발전을 위해서 가장 필요한 것은 체계적인 정리였어요. 맞춤법은 어떻게 정리할 것인지, 사전은 어떻게 만들 것인지, 국어 교육은 어떻게 할 것인지 등 해야 할 일이 산더미 같았어요.

그런 노력의 결과로 1907년 7월 8일 마침내 국문연구소가 탄생했어요. 국문연구소는 대한제국의 학부에 설치된 한글을 연구하는 국가기관으로, 우리말의 문법을 최초로 정립한 주시경이 위원으로 활동하고 있었어요.

국문연구소의 가장 큰 목적은 한글의 원리를 파악하고, 한글을 규범화하는 것이었어요. 대한제국의 초대 황제인 고종은 한글을 공식 언어로 지정했지만 당시의 한글은 공식적으로 사용하기에는 그 체계가 다소 미흡했어요. 입에서 소리 나는 대로 쓰다 보니 하나의 뜻을 가진 글자가 여러 형태로 쓰이는 경우도 있었어요.

국어 연구에 있어 국문연구소의 가장 큰 공헌은 당시 활발히 활동하던 학자들을 모아 함께 연구할 수 있는 토론의 장을 마련해 주었다는 데에 있어요. 실제로 국문연구소는 1910년에 해체되었지만, 국문연구소의 학자들은 이후로도 함께 모여 국어 연구를 계속했어요.

국문연구소에서 가장 중요하게 여겼던 것은 사전 편찬 작업이었어요. 한글이 공식 언어로서 기능을 하려면 누구나 같은 낱말을 같은 뜻으로 알고 있어야 하거든요. 그래서 한글을 체계적으로 기록할 사전이 필요했던 거예요.

하지만 국문연구소가 세워진 1907년은 이미 일본이 조선을 장악하고 있던 때였어요. 그래서 일본의 눈치를 봐야 했어요. 그러다 보니 자금도 시간도 부족했어요. 결국 처음에 세웠던 사전 편찬의 꿈을 이루지 못한 채 국문연구소는 해체되고 말았지요.

그렇다고 사전 편찬의 꿈이 완전히 사라진 것은 아니었어요. 오히려 그 꿈은 더욱 커져 갔어요. 1921년 12월 3일, 우리말과 글의 연구를 목적으로 조직된 '조선어연구회'가 등장하면서 본격적인 조선어사전 편찬 작업이 시작되었지요.

1910년 8월 22일은 한일 병탄 조약이 맺어진 날이야.

이날 우리는 일본에게 주권을 빼앗겼지.

일본은 우리나라를 완전한 식민지로 만들기 위해 가장 먼저 한글을 없애려 했어.

한글이 사라지면 어떻게 될까?

한글로 쓰인 선조들의 기록들을 읽을 수 없게 되겠지.

그러면 선조들의 정신을 이어받을 수도 없게 될 거야.

선조의 정신을 잃어버리고 살아가는 사람이 있다면,

그가 과연 우리나라 사람일까? 일본이 노린 건 바로 그 점이야.

하지만 힘든 상황 속에서도 우리말 한글을 지키겠다는 일념으로

평생을 바친 분들이 있었어.

그분들은 한글을 체계적으로 정리한 〈큰사전〉을 만드는 일이야말로

한글을 지키는 가장 좋은 수단이라고 생각했어.

지금부터 〈큰사전〉을 탄생시키려 노력한 사람들을 만나 볼까?

　1910년 8월 29일, 대한제국과 일본 사이에 맺어진 한일 병탄 조약이 세상에 발표되었다. 대한제국이 공식적으로 일본의 식민지가 된 것이었다. 그날 이후, 일본은 우리나라의 공식 언어를 일본어로 정하고, 모든 공식적인 자리에서 일본어만 쓸 수 있게 했다.
　하지만 우리나라의 지식인들은 일본의 압박에도 계속해서 한글을 연구해 갔다. 언어가 민족혼과 직결된다는 사실을 잘 알고 있었기 때문이었다.
　한글이 한 국가의 언어가 되기 위해서는 체계가 필요했다. 그러나 당시 한글에는 체계적인 문법이나 철자법이 존재하지 않았다. 그래서 '이불을 덮으면'이란 글을 쓸 때 제각각 소리 나는 대로 '더프면, 덥흐면, 덥프면'이라고 쓰기 일쑤였다. 따라서 통일된 체계를 세우는 것이 무엇보다 중요했다. 당시 지식인들은 가장 좋은 방법으로 사전을 만드는 것을 꼽았다.

사전은 단순히 단어의 뜻을 모아 놓기만 한 책이 아니었다. 언어의 현재 모습을 정리해 놓아, 시시각각 변하는 언어의 본래 모습을 알 수 있게 하는 역할을 했다. 더욱 중요한 것은, 문법과 철자법을 집대성한 사전을 통해 온 국민이 모두 똑같은 언어를 쓸 수 있다는 점이었다.

수많은 지식인들이 사전을 만드는 데 온 힘을 모았다. 그 가운데에서도 우리글 연구에 생을 바친 이가 있었다.

어느 아침, 아이들이 삼삼오오 이야기꽃을 피우며 등교하고 있었다. 그 옆으로 한 사내가 보자기에 싸인 한 꾸러미의 책을 낑낑대며 들고 오고 있었다.

"저기 보퉁이 선생님 오신다."

그 말에 학생들의 시선이 사내에게 향했다.

"도대체 무슨 책을 저렇게 많이 들고 다니시는 거래?"

"몰랐어? 저게 다 조선어 책이래. 늘 들고 다니시면서 보신다잖아."

"대단하시다."

'보퉁이 선생님'으로 불리는 그가 근대 한국어 연구의 아버지, 주시경이다.

주시경의 집안은 가난했다. 그럼에도 한글 연구에 필요한 책이라면 천금을 마다하고 구입했다. 또한 한글을 가르칠 수 있는 곳이라면 어디

든 주저하지 않고 갔다.

　주시경이 한글을 얼마나 사랑했는지 알 수 있는 일화가 있다.

　'언문'으로 불리던 한글이 고종의 칙령으로 '국문'으로 바뀌었지만, 그는 그 이름이 마음에 들지 않았다.

　"우리글의 이름이 한자라니. 차라리 내가 우리글의 이름을 짓는 게 낫겠어."

　막상 이름을 지으려 하니 딱히 떠오르는 이름이 없었다. 끙끙대길 몇 날 며칠, 불현듯 머릿속에 '한'이라는 글자 하나가 떠올랐다.

　"한이라는 글자에는 크고 바르다는 뜻이 있다. 그러니 '한글'이라 하면 '크고 바른 글'이란 뜻이 될 수 있다. 게다가 한이라 함은 숫자 1과도 통한다. 따라서 한글은 '첫째가는 글'이라 해도 손색이 없다. 더욱이 고종 황제께서는 우리나라의 이름을 대한제국이라 짓지 않았던가. 그 한을 따서 '우리 겨레의 글'이라 함은 어떠한가. 그래, 이제부터 우리글의 이름을 '한글'이라 부르자."

주시경이 가장 역점을 두었던 것은 한글 사전의 편찬이었다. 1908년에는 '국어연구학회'를 만들어 제자들과 함께 사전을 만들기 시작했다. 사전의 이름은 '말을 모아 놓았다'라는 뜻에서 〈말모이〉라 정했다.

세상에서 쓰이는 단어들을 찾아 모으고, 그 뜻을 이해하기 쉽게 풀어 쓰는 일은 쉬운 일이 아니었다. 시간과 돈, 인내가 필요한 지난한

작업이었다. 그러나 주시경은 그 일을 포기할 수 없었다. 그는 차근차근 원고를 만들어 갔다.

〈말모이〉의 완성이 눈앞에 다가온 가운데 일본의 감시가 강화되었다. 1914년, 주시경은 사전의 완성을 위해 원고를 가지고 외국으로 나갈 계획을 세웠다. 일본의 간섭이 미치지 못하는 곳에서 〈말모이〉를 완성하고, 한글 연구를 지속할 생각이었다. 그러나 외국으로 떠나기 며칠 전, 갑작스러운 급체로 병원에 입원하였다. 그때만 해도 사람들은 대수롭지 않게 생각했다. 하지만 얼마 후 들려온 소식은 충격적이었다. 1914년 7월 27일, 서른아홉의 주시경이 생을 마치고 만 것이었다.

주시경이 죽고, 일본의 압박이 거세지자 편찬 작업에 참여했던 사람들도 하나둘씩 떠나갔다. 상하이로 망명한 이도 있었고, 세상을 떠난 이도 있었다. 그렇게 완성을 코앞에 둔 우리나라 최초의 한글 사전 〈말모이〉는 빛을 보지 못하고 묻히고 말았다.

하지만 주시경의 노력은 헛되지 않았다. 주시경에게 한글을 배운 제자들이 한글 연구를 계속해 갔다. 그들은 국어연구학회의 전통을 이어받아 1921년 '조선어연구회'를 세웠다. 1931년에는 '조선어학회'로 이름을 바꾸었다.

조선어학회의 목표는 두 가지였다.

첫째는 글을 알지 못하는 민중에게 한글을 가르치는 '문맹 퇴치 운동'이었다. 일본 역시 식민지의 민중에게 일본어를 가르치려 했다. 하지만 구체적인 방법을 세우지 못해 우왕좌왕하고 있었다. 조선어학회는 그러한 상황을 이용했다.

"일단 쉬운 한글을 가르쳐 문맹을 퇴치한 다음에 일본어를 가르치는 게 낫지 않겠습니까?"

조선어학회는 이런 핑계를 대며 교묘히 한글 교육에 나섰다.

둘째는 한글 사전의 편찬이었다. 조선어학회는 주시경의 뜻을 이어받아 한글 사전의 편찬을 시작하였다. 그러나 1938년 위기가 찾아왔다. 일본이 '일본어 상용화'를 발표하면서 한글 사용을 금지했기 때문이다. 이런 상황에서 조선어학회는 일본에게 있어 눈의 가시와도 같은 존재였다. 하지만 조선어학회에 대한 민중의 지지가 높은 까닭에 섣불리 손을 댈 수 없었다. 그런 가운데 일본에게 절호의 기회가 찾아왔다.

1942년, 함경남도 함흥의 한 여학생이 '오늘 국어를 썼다가 선생님한테 꾸지람을 들었다.'라고 쓴 일기를 일본 경찰은 일본어를 사용하다 꾸지람을 들은 것으로 몰아갔다. 일본 경찰은 그 여학생을 취조하던 중 조선어학회 회원인 정태진이 연관되어 있다는 사실을 알아냈다.

"감히 우리의 정책을 어기는 학생과 조선어학회의 회원이 관련이 있다니! 이것은 조선어학회가 독립운동 단체라는 증거가 분명하다!"

말이 되지 않는 억지였지만, 당시 일본 경찰은 말 한마디로 사람을 살릴 수도 죽일 수도 있었다. 조선어학회 회원들은 모두 붙잡혀 혹독한 고문을 받았다. 하지만 더욱 큰 비극은 따로 있었다. 그 와중에 일본 경찰이 〈큰사전〉의 원고를 모두 압수해 버린 것이었다.

1945년 8월 15일, 36년 동안 일제의 탄압 속에 살던 우리 민족은 드디어 광복을 맞았다. 강제로 해산되었던 조선어학회 회원들도 다시 만나 광복의 기쁨을 나누었다. 하지만 그들에게는 급히 해결해야 할 일이 있었다.

"〈큰사전〉의 원고를 찾아야 합니다!"

그들은 〈큰사전〉의 원고를 찾아 전국을 뒤졌다. 그러나 어디에서도 원고는 발견되지 않았다. 시간이 흐를수록 회원들의 마음속에 불안이 싹터 갔다.

'혹시 원고를 못 찾게 되는 거 아닐까?'

원고가 사라졌다고 사전 편찬 작업을 하지 않을 건 아니었다. 하지만 다시 시작한다면 언제 끝날지 모를 작업이었다. 힘이 빠지는 건 당연한 일이었다. 원고를 찾을 수 있으리라 기대하는 회원은 줄어들었고, 점점 절망적인 생각만이 그들의 머릿속을 채워 갔다.

1945년 9월 8일, 서울역에서는 창고 정리가 한창이었다. 인부들이 일본이 패망하며 갑자기 갈 곳을 잃은 화물들을 치우고 있었다. 역장은 인부들의 작업을 지휘하고 있었다. 그때 역장의 눈에 커다란 상자 하나가 들어왔다. 역장이 상자를 열자, 그 안에서 잃어버렸던 〈큰사전〉 원고 수만 장이 모습을 드러냈다.

이후 조선어학회는 우리나라 최초의 한글 사전인 〈조선어 큰사전〉을 펴냈다. 1947년 1권을 펴낸 후, 한국전쟁의 상흔 속에서도 사전 편찬을 계속하여 1957년 6권을 끝으로 완간하였다. 조선어학회의 값진 노력으로 우리나라는 드디어 우리글의 사전을 가지게 된 것이다.

깊이 읽기

〈겨레말 큰사전〉으로 분단의 벽을 넘어

죽음도 두려워하지 않고 긴 시간을 싸워 나간 조선어학회의 노력으로 우리는 〈조선어 큰사전〉을 가질 수 있게 되었어요. 그리고 지금 또 하나의 〈큰사전〉을 만들기 위해 구슬땀을 흘리시는 분들이 있다는데, 그 사실을 알고 있나요?

1950년 6월 25일은 우리 민족에게 가장 슬픈 날이에요. 그동안 온갖 외세의 위협에도 똘똘 뭉쳐 싸우던 우리 민족이 처음으로 서로에게 총을 겨눈 동족상잔의 비극이 시작된 날이죠. 그날 이후 우리 민족은 남북으로 갈라졌어요.

세계에서 유일하게 분단국가로 남아 있는 남한과 북한. 지금까지 통일을 위한 노력을 해 왔지만 큰 소득은 없었어요. 그러는 사이 남한과 북한은 점점 더 멀어져만 갔어요.

그러던 중 2005년에 양국이 힘을 합쳐 의미 있는 일을 하기 시작했어요. 남한과 북한에서 쓰는 말을 모두 모은 〈겨레말 큰사전〉을 만들기로 합의한 것이에요.

조선어학회의 학자들 중에는 분단 이후 북한에 남게 된 이들도 많았어요. 그들은 북한에서도 자신들의 목표를 잊지 않고 사전 편찬을 계속했어요. 마찬가지로 남한의 학자들도 사전 편찬을 계속했어요. 결국 남과 북의 학자들이 서로 다른 곳에서 각자 말의 규범을 정하고, 사전을 만들어 갔던 셈이지요. 그러다 보니 시간이 흐를수록 남과 북의 언어에 차이가 생기게 되었어요. 그리고 이 차이는 통일이 되었을 때 문제가 될 수 있었어요.

예를 들어 탈북자들이 사용하는 말 중에 "일 없습네다."라는 말이 있어요. 우리에게는 다른 사람의 접근을 막는 굉장히 차가운 표현으로 들려요. 반면 북한에서는 "괜찮습니다."라는 뜻의 공손한 표현이래요. 그런데 우리는 그것을 알지 못하니, 탈북자들이 "일 없습네다."라고 하면 기분이 나쁠 수밖에 없는 것이지요.

이런 단순한 표현 하나로도 오해가 생길 수 있는데, 언어의 표현 차이가 크다면 어떻게 되겠어요. 그 상태라면 통일이 되었을 때 큰 혼란이 생길 우려가 있겠죠. 그렇기 때문에 미리 남과 북의 언어부터 하나로 통일해야 한다는 의견이 나오기 시작했어요. 그리고 그 결과로 2006년 〈겨레말 큰사전〉 공동편찬위원회가 출범하게 되었어요.

〈겨레말 큰사전〉은 원래 2009년 12월 출간을 목표로 했어요. 하지만 남과 북의 언어생활 차이가 생각보다 컸던 데다, 하루가 다르게 달라지는 언어생활 때문에 아직 그 완성을 보고 있지 못해요.

〈겨레말 큰사전〉 편찬 사업이 무엇보다 뜻깊은 점은 우리 민족이 쓰는 모든 말이 사전에 실릴 것이기 때문이에요. 남한과 북한에서 쓰는 말 뿐 아니라, 해외 동포들 사이에서 쓰이는 말도 조사해서 수록하기로 했거든요. 남과 북의 한글이 통일된다면, 진짜 통일도 조금 더 빨리 오지 않을까요?

5

세상에 우뚝 선 우리글

한글, 세계로 뻗어 나가다

"한글은 세상의 모든 소리를 적을 수 있는 놀라운 문자야!"

"세상에서 가장 과학적인 문자이기도 해!"

"한글은 배우기가 참 쉬워!"

앞의 문장들은 한글의 위대함에 대해 이야기할 때면 흔히 듣게 되는 말들이야.

그런데 정말 한글이 그렇게 위대한 문자일까?

혹시 어릴 적부터 하도 많이 듣다 보니

한글은 위대한 문자라고 세뇌된 건 아닐까?

한글의 위대함에 대해 의문을 갖는 것은 잘못된 일이 아니야.

오히려 이런 궁금증을 가지는 건 당연한 일이지.

우리는 어릴 적부터 한글을 자연스럽게 써 왔기 때문에 오히려 그 위대함을 알기가

쉽지 않아. 그렇다면 한글이 정말 놀라운 글자라는 걸 어떻게 알 수 있을까?

간단해. 한글을 처음 접하는 사람들의 반응을 살펴보면 돼.

19세기에 서양인들이 조선에 처음 왔을 때

가장 놀랐던 점은 조선에서는 하층민들조차도 글을 읽을 수 있다는 거였대.

이후 한글이 알려지면서 세계의 언어학자들도 한글에 관심을 가지게 되었는데,

그들 역시도 한글의 놀라운 과학성을 깨닫고 감탄했다고 해.

지금부터 한글이 왜 위대한 문자인지 알아볼까?

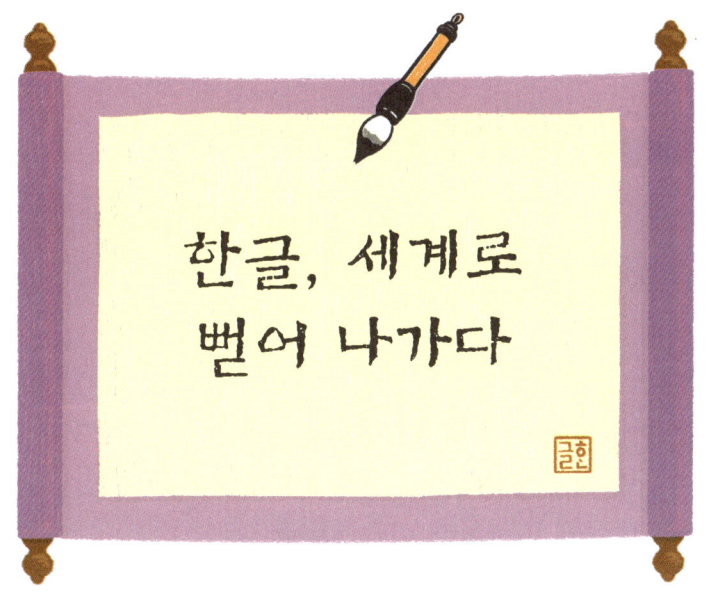

한글, 세계로 뻗어 나가다

    2006년 9월, 세계 패션의 중심지 파리에서 한국과 프랑스의 수교 120주년 기념 패션쇼가 열렸다. 패션쇼에 참석한 디자이너와 기자, 관객들은 패션쇼를 보며 감탄을 금치 못했다.
    "이렇게 아름다운 건 처음 봐요!"
    "어쩜 이렇게 독특하면서도 입체감이 살아 있죠?"
    그들이 감탄한 건 옷이나 가방이 아닌, 그것들에 새겨진 한글 문양의 아름다움과 독특함이었다. 사실 이 패션쇼의 주제는 '한글과 패션의 만남'이었다.
    이 패션쇼 이후 유럽에서는 한글 문양의 옷을 입고 거리를 활보하는 사람들이 눈에 띄기 시작했다. 외국의 유명 인사들이 한글 옷을 입은 모습이 사진에 찍혀 인터넷을 뜨겁게 달구는 일도 심심치 않게 생겨났다.

한글은 이처럼 독특한 아름다움을 지니고 있는 문자다. 하지만 단지 외형적인 아름다움만 있는 것일까? 과연 세계는 한글을 어떤 문자라고 생각하고 있을까?

푸른 눈의 여행자, 한글을 접하다

영국에서 태어난 이사벨라 버드 비숍은 어릴 때부터 몸이 약했다. 딱딱한 의자에 앉지 못해 학교에 가지 못할 정도였다. 그런데 이런 이사벨라의 몸이 여행을 할 때면 건강해지는 게 아닌가.

이사벨라의 부모도 처음에는 그녀가 여행을 하고 싶어서 꾀병을 부리는 줄 알았다. 하지만 몇 번의 경험을 통해 그녀가 여행을 할 때 아프지 않다는 사실을 알게 되었다. 이후 그들은 이사벨라의 적극적인 후원자가 되어 주었다.

이사벨라에게 여행은 마치 운명 같은 일이었다. 그녀는 전 세계를 여행하며 기행문을 썼다. 생생한 경험을 담은 그녀의 기행문은 영국에서 큰 인기를 얻었다.

이사벨라의 여행은 나이가 들어도 끝나지 않았다. 아니, 오히려 더 거침없어졌다. 미국과 유럽을 거쳐 아시아로 온 그녀는 마지막 여행지로 조선을 택했다. 63세의 나이로 처음 조선에 온 이사벨라는 3년 동안 조선 사회를 이방인의 눈으로 세밀히 관찰했다. 고종과 명성황후는 그런 그녀를 초대해 만나기도 했다.

"오늘은 한강으로 나가 봐야겠어."

19세기에는 한강의 포구를 통해 전국의 물건들이 모여들었다. 그래서 한강 가까이에는 물건을 옮겨 주고 돈을 받는 막일꾼들이 모여 살았다. 그들은 교육 수준이 낮고 성질이 거칠어 사람들은 그 근처로 가는 걸 꺼렸다.

이사벨라가 그곳에 간다고 하자 주위 사람들은 그녀를 말렸다. 하지만 이사벨라는 마지막 여행지인 조선의 모든 곳을 직접 보고 정확히 기록하고 싶었다. 그녀는 주위의 만류를 뿌리치고 한강으로 향했다.

한강에 도착하자, 아이들이 이사벨라를 신기해하며 그녀의 뒤를 따라다녔다. 옷도 제대로 입지 못한 아이들의 모습에 이사벨라는 안타까움을 느꼈다.

'미안한 말이지만 이 나라는 희망이 보이지 않아. 나라가 발전하려면 아이들의 교육을 우선시해야 하는데, 이곳의 아이들은 학교도 가지 않아.'

이사벨라가 힘없이 발걸음을 옮기려는 찰나 그녀앞에 믿을 수 없는 광경이 펼쳐졌다. 마을 사람들이 한 쪽에 모여 책을 읽고 있는 게 아닌가. 자신을 따라다니던 아이들도 어느새 그곳에 가 책을 한 권씩 집어 들었다.

이사벨라는 그 모습에 입이 떡 벌어졌다.

이사벨라의 고향 영국에서는 19세기부터 문맹 퇴치를 위해 정부에서 많은 노력을 기울였다. 그 결과, 18세기에 50퍼센트가 넘던 문맹률

이 19세기 중반에 이르러서야 15퍼센트 미만으로 크게 줄어들었다. 그럼에도 영국의 하층민들은 제대로 글을 읽지 못하는 게 현실이었다.

'저들은 사회의 하층민들이야. 그런데 모두 책을 읽고 있잖아. 어떻게 이럴 수가 있지?'

얼마 후 이사벨라는 이북 지방을 여행했던 러시아군 장교로부터 더욱 놀라운 말을 들었다.

"이 나라는 정말 대단해요. 가는 곳마다 서당이라는 학교가 있더군요. 거기서 많은 사람들이 모여서 공부를 해요. 그래서인지 지금까지 글을 읽지 못하는 조선인은 거의 본 적이 없어요."

이사벨라는 이곳에 희망이 없다고 생각했던 자신의 오만이 틀렸음을 인정할 수밖에 없었다.

'이 나라에는 오히려 절망이라는 게 보이지 않는구나. 온 나라 사람들이 글을 읽고 공부를 한다면, 분명 이 나라는 발전하게 될 거야.'

이후 이사벨라는 영국으로 돌아가 조선과 중국의 여행 기록을 담은 〈조선과 그 이웃 나라들〉이라는 책을 펴냈다. 19세기 후반 조선 하층민들의 글을 읽는 모습에 관한 기록이 생생히 담긴 이 책은 당시 영국에서 큰 인기를 얻었다.

19세기 우리나라를 처음 방문했던 많은 외국인들은 우리나라의 문맹률이 지극히 낮다는 사실에 적잖이 놀랐고, 그 밑바탕에 한글이라는 우수한 문자가 있다는 사실을 알게 되었다. 게다가 배우기가 너무도 쉽다는 사실에 또 한 번 놀랐다.

세계의 언어학자들, 한글에 찬사를 보내다

1995년 10월 9일, 미국의 명문 대학 중에서도 손꼽히는 시카고대학교의 언어학과는 이날 수업을 하지 않았다. 20여 년 전부터 매년 10월 9일이면 언어학과의 교수들과 학생들은 수업을 쉬고 어딘가로 향했다. 그들이 향한 곳은 세계적인 언어학자이자 시카고대 언어학과 교수인 제임스 매콜리 교수의 집이었다.

집 앞에 도착한 학생들이 초인종을 눌렀다.

"교수님, 계세요?"

　매콜리 교수가 동료 교수들과 학생들을 반겼다. 매콜리 교수는 그들을 거실로 안내했다.
　거실 테이블에는 맛있는 음식과 시원한 음료수가 차려져 있었다.
　"이제 곧 파티를 시작할 테니 어서 자리에 앉으세요."
　매콜리 교수는 손님들을 자리에 앉게 한 후 파티의 주인공을 모시기 위해 방으로 들어갔다.
　잠시 후, 매콜리 교수가 방에서 커다란 액자를 들고 나왔다.

"자, 주인공이 도착했습니다."

교수들과 학생들은 액자를 보더니 박수를 치며 환호했다. 자세히 보니 액자에는 세종대왕의 초상이 그려져 있었다.

세종대왕과 10월 9일. 그리고 푸른 눈의 교수와 학생들. 이 어울릴 것 같지 않은 조합은 다름 아닌 한글날을 기념하는 파티였다.

매콜리 교수는 처음으로 한글을 접했을 때를 떠올렸다.

1963년 어느 날, 매콜리 교수에게 소포가 도착했다. 소포 안에는 네덜란드 레이던대학교의 언어학자 프리츠 포스가 쓴 〈극동아시아 언어에 대한 논문〉이 들어 있었다.

매콜리 교수는 잠시 논문을 손에 든 채, 이 논문이 무엇인지 생각해 보았다. 그러자 며칠 전의 일이 떠올랐다. 미국언어학회에서 발행하는 학회지인 〈언어(Language)〉에서 서평을 써달라는 부탁을 받았던 사실이 생각났다. 자신의 연구만 하기에도 바빴던 매콜리 교수는 적잖이 귀찮음을 느꼈지만, 이미 부탁받은 것을 거절할 수가 없어 일단 포스의 논문을 펼쳐 들었다.

몇 쪽이나 넘겼을까. 어느새 몸을 바로 세운 매콜리 교수가 정신없이 논문에 빠져들고 있었다. 그 논문은 그가 본 적이 없는 놀라운 문자 '한글'에 관한 것이었다.

논문의 저자인 포스는 논문을 통해 다음과 같이 주장하고 있었다.

"한국인들은 세계에서 가장 좋은 알파벳을 발명했다."

"한글은 간단하면서도 논리적이며, 고도의 과학적인 방법으로 만들어졌다."

매콜리 교수는 고개를 끄덕였다. 그 역시 포스의 견해와 같았다. 특히 한글이 최초의 '보이는 음성'이라는 포스 교수의 주장에 전적으로 동감했다.

전화를 발명한 알렉산더 그레이엄 벨의 아버지 알렉산더 멜빌 벨은 농아들에게 말을 가르치는 일을 하고 있었다. 그러던 어느 날 그의 머릿속에 기막힌 생각이 하나 떠올랐다.

"발성기관의 모양을 본떠 문자를 만들면, 그 문자를 보고 어떤 식으로 소리를 내야 할지 알 수 있지 않을까?"

벨은 곧 발음을 할 때 움직이는 입술과 혀, 목구멍의 모양을 본떠 문자를 만들었고, 그 결과물을 1867년 '보이는 음성'이라는 이름으로 발표했다. 글자만 봐도 소리를 낼 수 있다는 이 획기적인 발상은 학계에서 큰 관심을 끌었고, 사회적으로도 이슈가 되었다. 하지만 포스는 벨의 '보이는 음성'이 나오기 이미 400여 년 전에 최초의 '보이는 음성'인 한글이 창제되었다고 주장했다. 이는 서양이 동양보다 훨씬 과학적이라 믿는 서양인들에게 충격이 아닐 수 없었다.

논문을 다 읽은 매콜리 교수는 펜을 들어 포스의 논문을 극찬하는 서평을 썼다. 매콜리 교수의 서평 이후 세계의 언어학자들은 한글의 독창성과 과학성에 대해 주목하기 시작했다.

매콜리 교수 자신은 한국에 '한글날'이 있다는 사실을 알고는, 매년 한글날마다 파티를 열며 위대한 문자 한글의 탄생을 기념하고 있다.

매콜리 교수 이후 많은 언어학자들이 한글을 연구하기 시작했고, 연구를 거듭할수록 한글의 과학성에 대해 인정했다. 영국의 언어학자 제프리 샘슨 교수는 "한글은 인류가 만든 가장 위대한 지적 유산 가운데 하나이다."라고 말할 정도였다.

　유네스코에는 '세종대왕상'이란 상이 있다. 이것은 매년 문맹 퇴치에 가장 공이 많은 개인 또는 단체에 주는 상이다. 상의 이름을 '세종대왕'으로 한 것은, 세종대왕이 만든 한글이 가장 배우기 쉬운 과학적인 글자로 문맹 퇴치에 많은 기여를 했기 때문이다. 그래서 유네스코에서는 〈훈민정음 해례본〉을 세계적인 가치가 있는 기록물로 보고, 1997년 세계기록유산으로 지정했다.

정보화 시대를 이끄는 문자, 한글

　중국 베이징에 사는 여중생 메이링은 벌써 십 분째 스마트폰을 들고 씨름 중이다. 키보드를 누르는 손은 바쁜데, 이상하게도 글자가 쉽게 입력되지 않기 때문이다.

　"이게 다 한자 때문이야!"

　스마트폰의 키보드로 한자 한 글자를 입력하려면 여러 과정을 거쳐야 한다. 먼저 한자의 발음을 알파벳으로 치고, 같은 발음의 한자 여러 개 가운데 나에게 필요한 한자를 골라 터치해야 한다. 그래야만 겨우 한 글자가 입력된다.

예를 들어 '나'를 뜻하는 '我'를 입력하려면, '我'의 중국 발음인 'wo'를 알파벳으로 친다. 그러면 'wo' 발음이 나는 '握, 窩, 卧, 挝, 沃, 我' 등의 글자 중에서 '我'를 골라야 한다. 과정이 여럿이니 시간이 오래 걸릴 수밖에 없다.

일본 도쿄에 사는 대학생 타케시의 사정도 메이링과 다르지 않다. 한 시간 후에 제출해야 하는 리포트 때문에 타케시는 열심히 컴퓨터 자판을 두드리고 있었다. 그러나 알파벳을 먼저 쓰고 일본어로 바꾸는 과정을 거치다 보니 예상보다 시간이 많이 걸리고 있었다. 아무리 해도 시간 내에 끝내지 못하리라는 생각에 타케시는 울상이 되었다.

한국 서울에 사는 초등학생 경민이는 집으로 가는 지하철에서 스마트폰 키보드를 눌러 블로그에 글도 쓰고, SNS의 친구들과 인사도 나누고, 친구들에게 문자도 보냈다. 그래도 시간이 남자 포털 사이트에 들어가 좋아하는 연예인 기사에 댓글까지 달았다.

경민이가 쉽고 빠르게 글을 올릴 수 있었던 이유는 한글의 우수성 때문이다. 한글은 기본 자음 14개, 기본 모음 10개로 모든 글자를 만들 수 있는 음소문자이다. 그래서 키보드를 그대로 치기만 하면 글이 완성된다. 게다가 자판의 크기도 줄일 수 있다. '천지인 입력 방식'을 이용하면 'ㅣ, ㆍ, ㅡ'의 세 모음만으로 모든 한글 모음을 조합해 만들 수 있다. 한글로 휴대폰 자판을 입력하는 게 일본어나 중국어를 글로 입력하는 것보다 일곱 배나 빠르다는 연구 결과도 있다.

현재 음성인식 기술은 꾸준히 발전하고 있다. 이 기술이 완성되면 키보드 없이 말로 모든 기계를 다룰 수 있게 된다. 이 기술의 발전에도 한글이 중요한 역할을 하고 있다. 한글은 '보이는 음성'이기에 음성으로 문자를 변환하기가 쉽다. 또한 한글은 소리와 문자가 일대일로 대응한다.

예를 들어 알파벳 'A'는 영어 단어에 따라 '아, 에, 오, 에이, 어, 이' 등 다양한 발음이 존재한다. 게다가 규칙이 없어서 음성인식의 기준을 잡기가 매우 힘들다. 하지만 한글 'ㅏ'는 언제 어디서든 'ㅏ' 발음으로만 존재한다. 이처럼 한글은 음성인식 기술에 적합한 언어이다.

한글이 정보화 시대에 적합한 과학적 언어라는 사실이 밝혀지자, 사람들은 세종대왕이 미래를 예견해서 한글을 만들었다는 찬사를 보내기까지 했다. 조금은 과장된 표현이지만, 그만큼 한글이 우수하다는 증거가 아닐까.

한글날은 원래 가갸날이었다?

1926년 11월 4일 조선어연구회가 훈민정음 반포 480주년을 맞아 기념식을 갖고, 이날을 '가갸날'이라 정했어요. 《세종실록》에 음력 9월 훈민정음이 반포되었다고 기록되어 있어, 음력 9월의 마지막 날인 29일을 '가갸날'로 정했던 것이지요. 이듬해인 1928년부터는 가갸날 대신 '한글날'이라는 이름을 사용했어요.

1940년에는 한글의 창제 원리를 기록한 〈훈민정음 해례본〉이 발견되면서 반포일이 9월 상순이란 사실을 알게 되었지요. 그래서, 상순의 마지막 날인 9월 10일을 양력으로 환산한 10월 9일을 한글날로 정하고 현재까지 기념일로 삼아 오고 있답니다.

깊이 읽기

중국, 한글의 위대함을 인정하다

"한자가 망하지 않으면 중국이 반드시 망한다!"

이런 충격적인 말을 한 사람이 누구일까요? 그는 다름 아닌 중국 근대 문학의 선구자로 꼽히는 루쉰이에요. 중국에서 태어나 세계적인 작품을 남긴 루쉰이지만, 한자의 불편함을 잘 알고 있었기 때문에 이런 말을 한 것이지요.

1950년대 중국의 문맹률은 무려 80퍼센트가 넘었어요. 근본적으로 한자가 어려웠기 때문이에요. 중국 정부는 한자를 개혁하고 문맹을 퇴치하기 위해 엄청난 노력을 쏟아부었어요. 그 결과 중국은 5만여 자가 넘는 한자 중 사람들이 많이 쓰는 2235자를 뽑아 간략하게 만들었어요. 그렇게 해서 탄생한 한자가 간체자예요.

한자는 표의글자이기 때문에 문자만 봐서는 발음을 알 수 없어요. 그래서 한자 옆에 알파벳으로 한자의 발음을 표기하도록 하는 규정을 만들었어요. 그런 까닭에 중국에서는 학생들이 중국어를 배울 때 알파벳을 먼저 배운다고 해요.

당시 중국 정부는 한자 개혁을 위해 다른 나라의 사례를 연구했어요. 그중 가장 눈여겨 본 나라가 북한이었어요. 북한은 문맹퇴치운동을 벌인지 1~2년 만에 문맹자가 거의 사라질 정도로 빠른 성과를 보였거든요.

중국은 북한의 문맹퇴치운동을 연구했고, 그 결과 한글이 가장 큰 역할을 했다는 걸 알게 되었어요. 중국의 학자들은 "우리도 한글과 같은 표음문자를 도입해야 문맹을 없앨 수 있다"고 주장했고, 지도자들 역시 "조선에 사람을 보내 문자를 배워야 한다"고 이야기했어요.

중국의 한자를 벗어나기 위해 세종대왕이 한글을 만든 지 500여 년 만에, 중국이 우리글의 위대함을 인정한 것이죠.

옛날에는 문자를 읽는 행위가 굉장히 큰 힘이었어요. 그래서 때로는 글자를 암호처럼 써서 다른 사람들이 알지 못하게 하기도 했지요. 그런데 세종대왕은 백성들과 소통하기 위해 '한글'이라는 새로운 문자를 만들었어요. 한글이 독창성과 창조성, 그리고 과학성과 실용성을 한꺼번에 인정받는 이유가 여기에 있어요.

> "우리나라 말이 중국 말과 달라서 한자와는 그 뜻이 서로 통하지 아니하므로 제대로 나타낼 수가 없다. 따라서 백성들이 말하고자 하는 것이 있어도 자기의 뜻을 글로 써서 나타내지 못하는 이가 많으니라. 내가 이를 딱하게 여겨 새로 스물여덟 글자를 만들어 내놓으니, 모든 사람들이 이것을 쉽게 익혀서 날마다 쓰는 데 불편이 없도록 하고자 할 따름이니라."

왕이 자신이 가진 힘을 백성과 나눈다는 것은 역사적으로 유례없는 일이에요. 한글에 담긴 마음을 깨닫는 일은 우리글의 역사와 가치를 이해하는 첫걸음이 될 거예요.